AF762555

www.ingramcontent.com/pod-product-compliance
Lightning Source LLC
LaVergne TN
LVHW010812051026
849532LV00007B/2524
* 9 7 8 9 3 6 9 0 8 2 3 7 7 *

# دھڑکتے دلوں کی آواز

(شعری انتخاب)

مرتبہ:

صالح ندیم

**Dhadakte DiloN ki Aawaaz** *(Poetry)*
by: Saleh Nadeem
Edition: December '2024
Publisher :
*Taemeer Publications LLC* (Michigan, USA / Hyderabad, India)

ISBN 978-93-6908-237-7



| | | |
|---|---|---|
| کتاب | : | **دھڑکتے دلوں کی آواز** |
| مرتب | : | **صالح ندیم** |
| صنف | : | شاعری |
| ناشر | : | تعمیر پبلی کیشنز (حیدرآباد، انڈیا) |
| سالِ اشاعت | : | ۲۰۲۴ء |
| صفحات | : | ۱۲۸ |
| سرورق ڈیزائن | : | تعمیر ویب ڈیزائن |

# ترتیب

# ہمارا الہ آباد

صالح ندیم

# ذرا سی بات

ادارہ ایک ایسی کتاب شائع کرنا چاہتا تھا جس میں کچھ نئے اور پرانے شاعروں کے ایسے اشعار ہوں جن میں دھڑکتے دلوں کی آواز سُنی جا سکے، خواہ وہ آواز کیف ومستی کی ہو یا درد وغم کی۔ جناب انیس صدیقی نے یہ بات شاید اس لئے سوچی ہو کہ ہر زمانے کے اپنے مسائل ہوتے ہیں جن کا تعلق خارجیت سے زیادہ ہوتا ہے۔ ماحول بدلتا ہے تو مسائل بھی بدلتے ہیں لیکن عشق ایک ایسا جذبہ ہے جس پر کسی بھی ماحول یا حالات کی تبدیلی کا اثر نہیں پڑتا۔ معاملاتِ عشق اور طریقۂ عشق تو بدل سکتے ہیں لیکن جذبۂ عشق میں کوئی تبدیلی نہیں ہوتی۔

موجودہ دور میں جبکہ انسانی رشتوں کی عمارت خود غرضی اور مطلب پرستی کی بنیاد پر کھڑی ہوئی نظر آتی ہے اور انسان صرف اور صرف اپنے مفاد کے بارے میں سوچتا اور دوڑتا ہوا دکھائی پڑتا ہے، قلبی معاملات خواہ وہ انسانی ہمدردی سے تعلق رکھتے ہوں یا خلوص ومحبت سے کتابی چیز ہو کر رہ گئے ہیں۔ اس کے باوجود شمع کے جلنے اور پروانوں کے مرمٹنے کا سلسلہ جاری ہے۔ گویا جذبۂ عشق اپنی اصل شکل وصورت میں آج بھی دائم وقائم ہے۔ چنانچہ جناب انیس صدیقی کی خواہش اور درخواست کا احترام کرتے ہوئے، اس پروجیکٹ کے تحت میں نے "آوازیں" عنوان سے کتاب ترتیب دینے کا فیصلہ کیا۔ میرا خیال تھا کہ یہ کوئی مشکل کام نہ ہوگا اور یہ کہ اس کام کو انجام دینے میں زیادہ وقت بھی درکار نہ ہوگا لیکن خلاف

توقع جہاں اس میں خاصہ وقت لگا وہاں اچھی خاصی مشکلات کا بھی سامنا کرنا پڑا۔ اردو شاعری وارداتِ قلب و جگر سے بھری پڑی ہے۔ میں نے صرف ایک انتخاب پیش کرنے کی کوشش کی ہے۔ اپنی طرف سے میں نے اس بات کی بھی کوشش کی ہے کہ اس کتاب میں ایسے ہی اشعار شامل کر دوں جو زبان کے اعتبار سے صاف اور سادہ ہوں اور خیال کے اعتبار سے جن کا تعلق کسی نہ کسی طرح قلب و جگر سے ہو۔ میں اپنی اس کوشش میں کہاں تک کامیاب ہوا ہوں اس کا فیصلہ قارئین کریں گے۔

رازؔ الہ آبادی ہمارے شہر کے ایک مقبول شاعر تھے۔ اُن کی شاعری ایک ایسے دبستان سے رشتہ رکھتی ہے جو سادگی اور شوخی کے حوالے سے دماغ سے زیادہ دل کے قریب محسوس کی جاتی رہی ہے چنانچہ رازؔ صاحب کی شاعری میں بھی قلب اور وارداتِ قلب کے دلآویز اشارے خوب خوب ملتے ہیں۔ رازؔ صاحب اب ہمارے درمیان نہیں رہے۔ بطور خراجِ عقیدت نغمہ پروین کا ایک مضمون شاملِ اشاعت ہے۔

اس دورِ خرابات میں اردو شاعری کے یہ چند لطیف اور جذباتی نوعیت کے اشعار اگر ہمارے جذبات و احساسات کو لمحاتی طور پر ہی سہی، بیدار کرنے میں کامیاب ہو گئے تو میں سمجھوں گا کہ میری محنت کام آ گئی۔ ہمیں آپ کی رائے کا انتظار رہے گا۔

۳/۱۰/۹۷

نغمہ پروین (عباسی)
ریسرچ اسکالر
الہ آباد یونیورسٹی الہ آباد

# رازؔ الہ آبادی ـــــ ایک تعارف ایک تاثر

میں اپنے اس مختصر سے تاثراتی مضمون کی ابتدا رازؔ الہ آبادی کے شعر سے ہی کرنا چاہتی ہوں۔ ان کا شعر ہے ؎

ہزاروں حسرتیں آیا تھا لے کر
تری محفل سے تنہا جا رہا ہوں

ہر انسان کی طرح رازؔ صاحب بھی دنیائے محفل سے گئے تو تنہا لیکن اردو ادب کو اپنی شاعری کا وہ سرمایہ دے گئے جسے الہ آباد کی ادبی روایت کبھی بھلا نہیں سکتی۔ رازؔ الہ آبادی کی دھڑکنیں ۲۸ دسمبر ۱۹۹۶ء کو ہمیشہ کے لئے ساکت ہو گئیں (اِنّا لِلّٰہِ وَاِنّا اِلَیہِ راجِعون) رازؔ صاحب ۱۹۳۰ء میں الہ آباد میں پیدا ہوئے۔ ان کا اصلی نام تو جابر علی شاہ تھا مگر اپنے تخلص رازؔ سے مشہور ہوئے۔ شاعری میں حضرت نوحؔ ناروی کے شاگرد ہوئے۔ جن کا سلسلہ داغؔ سے ہوتا ہوا ذوقؔ تک پہنچتا ہے۔ انھوں نے اردو شاعری کو بے شمار غزلیں اور کئی شعری مجموعے دئے۔ جن میں ۱۹۵۵ء میں "اشکِ ندامت" ۱۹۵۷ء "دیر و حرم" ۱۹۷۹ء میں "دھڑکنیں" اور ۱۹۸۷ء "منزلیں" منظرِ عام پر آچکے ہیں۔ رازؔ صاحب نے اپنی شاعری کا آغاز ۱۹۴۵ء میں کیا تھا۔

اس وقت انھوں نے سب سے پہلی جو غزل کہی اس کا مطلع تھا ؎

آئینہ زندگی کو بنا کر چلا گیا
آنکھوں سے آکے دل میں سما کر چلا گیا

اُس لمحے سے لے کر تادمِ حیات شاعری اور بالخصوص غزل گوئی ان کا اوڑھنا بچھونا تھی۔ رازؔ صاحب جہاں ایک طرف اپنی کلاسیکی شعری روایت اور ایک مخصوص شعری و لسانی دبستان کی وجہ سے سنجیدہ حلقے میں جانے جاتے تھے وہیں دوسری طرف اپنی عام فہم شاعری مترنم اور دلنواز کیفیت اور مشاعروں میں شرکت و شہرت کی بنا پر عوام الناس میں بے حد مقبول تھے۔ وہ حمد و نعت بھی کہتے تھے لیکن اصل میں وہ غزل کے ہی شاعر تھے، وہ غزل کے مزاج داں اور رمز شناس تھے۔ ان کی شاعری کا مکمل لب و لہجہ غزل کا لب و لہجہ تھا۔ اس پر ان کی پاٹ دار آواز جو ہر اعتبار سے غزل خوانی کے لئے مناسب و موزوں تھی۔ جب وہ پڑھتے تھے تو شاعرہ ہی نہیں زندگی کے قافلے رُک جایا کرتے تھے۔

موت آواز دیتی ہے شاید انھیں، جانے والے ہیں دنیا سے اہلِ وفا
رازؔ ایسے میں کوئی غزل چھیڑ دو قافلے زندگی کے ٹھہر جائیں گے

اگر زندگی پر انسان کا اختیار ہوتا تو رازؔ صاحب کچھ دنوں اور رُک کر عوام کو ایک نئی منزل سے روشناس کراتے۔ بہر حال ان کے اشعار سے آنے والی نسلیں ضرور فیضیاب ہو سکیں گی۔ یہ ضرور ہے کہ رازؔ صاحب نے روایت پرستی کا دامن پکڑے رکھا مگر اپنی شاعرانہ صلاحیتوں سے روایتی شاعری کو بھی نئی جلا بخشی اور اردو شاعری کو بعض مشہور غزلیں دیں۔ ان کا یہ شعر کچھ زیادہ ہی مقبول ہوا ؎

آشیاں جل گیا، گلستاں لٹ گیا ہم قفس سے نکل کر کدھر جائیں گے
اتنے مانوس صیاد سے ہو گئے اب رہائی ملے گی تو مر جائیں گے

یونان کے لوگوں نے یہ کہہ کر کہ "مرن دیوتا اور شاعر ہی تخلیق کر سکتا ہے۔" شاعر کو تقدس کی جس منزل پر پہنچا دیا ہے وہاں کسی اور کا پہنچنا بہت مشکل ہے، لیکن ہمارے ملک میں شاعر کو نہ ہی اتنی اہمیت دی جاتی ہے اور نہ وہ قدر ہوتی ہے۔ اس لئے رازؔ صاحب

اس قدر و منزلت سے محروم رہے جو انھیں ملنی چاہیئے تھی ۔ انھیں اردو زبان سے بیحد محبت تھی ۔ اس لئے حیدرآباد کے ایک مشاعرے میں انھوں نے وہاں کے وزیر اعلیٰ سے مخاطب ہو کر کہا تھا ــــــ "اردو زبان کو مٹنے سے بچائیے اردو کا تحفظ مشترکہ تہذیب و ثقافت کا تحفظ ہوگا ۔"

جیسا کہ عرض کیا گیا ہے کہ راز صاحب جناب نوح ناروی کے شاگرد تھے اور داغ اسکول کے سلسلے کی ایک کڑی ــــ جن خوبیوں کے تحت یہ اسکول جانا جاتا ہے، کم و بیش یہ خوبیاں راز صاحب کی شاعری میں بھی تھیں ۔ چھوٹی چھوٹی بحروں میں شگفتہ اور رواں دواں الفاظ میں شعر کہنا راز صاحب کی خصوصیت تھی ۔ بول چال کی زبان میں صنعت پیدا کرنا اور بات سے بات پیدا کرنے کی رعایت راز صاحب کی غزلوں کو خاص و عام دونوں میں مقبول کرتی ہے ــــــ اردو شاعری میں جسے ہم سہل ممتنع کہتے ہیں، راز صاحب نے بہت سے شعر کہے، ان کی شاعری کا یہ بھی جوہر تھا ۔ ان کے کچھ اشعار ملاحظہ کیجئے ۔

یہی وفا کا صلہ ہے تو کوئی بات نہیں
یہ درد تم نے دیا ہے تو کوئی بات نہیں

○

اک سمندر نے آواز دی
مجھ کو پانی پلا دیجئے

○

پھر دوستوں کے ہاتھ میں پتھر بلند ہے
کتنا مری وفا کا مقدر بلند ہے

کس قدر تیز تھا کارواں
چھپ گئے منزلوں کے نشاں

○

کیا بنائے کوئی آشیاں....
ہر طرف بس دھواں ہی دھواں

○

جو چل رہا تھا ابھی کل مرے اشاروں پر
وہ آج رہبرِ منزل ہے کیا کیا جائے

○

میں رہنما اسے سمجھوں کہ راہزن سمجھوں
قدم قدم پہ یہ مشکل ہے کیا کیا جائے

راز دبستان داغ کی آخری کڑی تھے۔ افسوس کہ ان کی موت سے نہ صرف ایک مقبول شاعر ہمارے درمیان سے اُٹھ گیا بلکہ اس دبستان کی آخری کڑی ٹوٹ کر بکھر گئی ____

مرزا محمد رفیع

# سودا

افسوس تم اوروں سے ملو رات کو تنہا
ہم دن کو ترستے ہیں ملاقات کو تنہا

○

ترے خط آنے سے دل کو مرے آرام کیا ہوگا
خدا جانے کہ اس آغاز کا انجام کیا ہوگا

○

رو رو کے حال دل کا روشن کیا ہے اس پر
آنکھوں نے آہ میرا پانی سے گھر جلایا

○

جو کوئی دیکھتا ہے روتا ہے
مجھ دلِ داغدار کی صورت

○

سمندر کر دیا نام اس کا ناحق سب نے کہہ کہہ کر
ہوئے تھے جمع کچھ آنسو مری آنکھوں سے بہہ بہہ کر

○

آنکھ اٹھا کر دیکھ تو اے یار میری بھی طرف
کب سے ہوں میں منتظر صاحب سلامت کے لئے

○

عاشق ترے ہم نے کئے معلوم بہت ہیں
ظالم تو ہی دنیا میں ہے، مظلوم بہت ہیں

○

گھر میں آنے سے کیا منع تو یہ بھی کہئے
راہ کوچے کی ملاقات کروں یا نہ کروں

○

یارب کہیں سے گرمیٔ بازار بھیج دے
دل بیچتا ہوں کوئی خریدار بھیج دے

○

قسمت نے دور ایسا ہی پھینکا ہمیں کہ ہم
پھر جیتے جی پہونچ نہ سکے اپنے یار تک

○

تاب کس کو ہے کہ تیرے در سے آگے جا سکے
جو ترے کوچے میں آیا سر پٹکتا ہی رہا

○

گلہ لکھوں میں اگر تیری بے وفائی کا
لہو میں غرق سفینہ ہو آشنائی کا

○

ماریں گے ایک دو کو یا آپ مر رہیں گے
پیارے تری وفا میں کچھ ہم بھی کر رہیں گے

○

میر محمد تقی

# میرؔ

یار نے ہم سے بے ادائی کی
وصل کی رات میں لڑائی کی

○

گرچہ کب دیکھتے ہو، پر دیکھو
آرزو ہے کہ تم اِدھر دیکھو

○

سخت کافر تھا جس نے پہلے میرؔ
مذہبِ عشق اختیار کیا

○

دے کے دل ہم جو ہو گئے مجبور
اس میں کیا اختیار ہے اپنا

○

دن رات میری آنکھوں سے آنسو چلے گئے
برسات اب کی شہر میں سارے برس رہی

○

جب سے جواں ہوے ہو یہ چال کی نکالی
جب تم چلا کرو ہو، ٹھوکر لگا کرے ہے

○

یوں اُٹھے آہ اس گلی سے ہم
جیسے کوئی جہاں سے اُٹھتا ہے

○

عشق ہمارا آہ نہ پوچھو کیا کیا رنگ بدلتا ہے
خون ہوا دل، داغ ہوا، پھر درد ہوا، پھر غم ہے اب

○

دیا عاشق نے جی تو عیب کیا ہے
یہی تو اک ہنر ہوتا ہے ہم میں

○

شاید کسی کے دل کو لگی اس گلی میں چوٹ
میری بغل میں شیشۂ دل چور ہو گیا

○

ہوگا کسی دیوار کے سایہ کے تلے میرؔ
کیا کام محبت سے اس آرام طلب کو

○

ہم ہوئے، تم ہوئے، کہ میرؔ ہوئے
اس کی زلفوں کے سب اسیر ہوئے

○

بے خودی لے گئی کہاں ہم کو
دیر سے انتظار ہے اپنا

○

وہ رابطہ نہیں، وہ محبت نہیں رہی
اُس بے وفا کو ہم سے کچھ الفت نہیں رہی

○

وہی سمجھا نہ، ورنہ ہم نے تو
داغ چھاتی کے سب دکھائے تھے

○

الٰہی کہاں منہ چھپایا ہے اس نے
ہمیں کھو دیا ہے تری جستجو نے

○

کوفت سے جان لب پہ آئی ہے
ہم نے کیا چوٹ دل پہ کھائی ہے

○

تشنہ لب مر گئے ترے عاشق
نہ ملی ایک بوند پانی کی

○

خوب رُو ہی نہیں فقط وہ شوخ
حُسن کیا کیا، ادائیں کیا کیا ہیں

○

بے خودی رہتی ہے اب اکثر مجھے
حال سے میرے نہیں آگاہ تو

○

میرے رونے کی حقیقت جس میں تھی
ایک مدّت تک وہ کاغذ نم رہا

○

رات مجلس میں تری ہم بھی کھڑے تھے چپکے
جیسے تصویر لگا دے کوئی دیوار کے ساتھ

○

غم رہا جب تک کہ دم میں دم رہا
دل کے جانے کا نہایت غم رہا

○

آنکھوں میں جی مرا ہے، اِدھر یار دیکھنا
عاشق کا اپنے آخری دیدار دیکھنا

○

شکر اس کی جفا کا ہو نہ سکا
دل سے اپنے، ہمیں گِلا ہے یہ

○

کیا آگ کی چنگاریاں سینے میں بھری ہیں
جو آنسو مری آنکھ سے گرتا ہے، شرر ہے

○

دل اور جگر جل کے مرے، دونوں ہوئے خاک
کیا پوچھتے ہو، عشق نے کیا آگ لگائی

○

غلام ہمدانی

# مصحفی

آئینہ دیکھ اس نے اپنے عکس کا بوسہ لیا
ڈر ہی کیا گر رکھ دیا قرآن کو قرآن پر

○

مکھڑا چھپا کبھی لے نگہِ آشنا سے ڈر
ہے ہے یہ کیا سلوک ہے کافر، خدا سے ڈر

○

ہے روزِ عید نہ نکلا اگر وہ گھر سے آج
لہو بہاؤں گا میں اپنی چشمِ تر سے آج

○

استاد کوئی اور ملا قیس کو شاید
لی راہ جو جنگل کی، دبستاں سے نکل کر

○

بتاں! صبر آزمائی ہو چکی بس
ملو، اب بے وفائی ہو چکی بس

○

آئینہ لے کے ہاتھ میں دیکھے ہے وہ پری
گُل کی طرف کبھی، کبھی رخسار کی طرف

○

وادیٔ عشق وہ منزل ہے ادب کی جس میں
جلد اُٹھانے سے بھی ہوتے ہیں گنہگار قدم

○

زنداں سے تو آزاد کیا عشق نے مجھ کو
لیکن نہ مرے پاؤں سے زنجیر نکالی

○

لطف کیا عشق میں جینے کا جو حاصل نہ ملے
کاٹ ڈال اپنا گلا آپ جو قاتل نہ ملے

○

ہونٹوں ہی میں رہ جائے ہے ہونٹوں سے نکل کر
اللہ ری معشوق حیادار کی آواز

○

کچھ غم نہیں دنیا سے اُٹھ جانے کا شاعر کو
الفت ہی نہیں ہوتی منزل سے مسافر کو

○

ترا بھی کیا کسی گُل سے لگا ہے دل، سچ کہہ
چمن میں کیوں تو صبا بار بار آتی ہے

○

دردِ دل کا نہیں ہوتا ہے مسیحا سے علاج
مصحفی یہ بھی عجب طرح کی بیماری ہے

○

# ناسخ

دل کو پوچھا جو میں نے وہ بولے
کہیں ہوگا مری بلا جانے

○

اے بتو! ہوتی اگر مہر و محبت تم میں
کوئی کافر بھی نہ واللہ مسلماں ہوتا

○

دل ہی اُس کا جانتا ہے جس پہ گذرا ہے یہ حال
عشق کا صدمہ زبانوں سے بیاں ہوتا نہیں

○

وہ نہیں بھولتا جہاں جاؤں
ہائے میں کیا کروں کہاں جاؤں

○

رہتا ہے ہمیں دھیان تمہارا ہی ہمیشہ
تم کو نہیں آتا ہے کبھی دھیان ہمارا

○

ہاتھ اُس کے چوم لیتا ہوں تو کیا کہتا ہے وہ
ہیں لکیریں، یا کوئی لکھی ہے آیت ہاتھ میں

○

جان ہم تجھ پہ دیا کرتے ہیں
نام تیرا ہی لیا کرتے ہیں

○

آ نکلتا ہے کبھی، پر بات وہ کرتا نہیں
بولتا ہے تو یہ کہتا ہے کہ اب جاتا ہوں میں

○

نہا رہے ہیں وہ غیروں کے ساتھ گنگا میں
نہائیں ہم بھی نہ کیوں آنسوؤں کے دریا میں

○

رات کو چوری چھپے پہونچا جو میں
غُل مچایا اس نے، دوڑو چور ہے

○

رشک سے لیتے نہیں نام کہ سُن لے نہ کوئی
دل ہی دل میں اُسے ہم یاد کیا کرتے ہیں

○

رکھو کسی طرح سے سروکار، مہرباں
کرتے رہو جفا ہی، وفا گر نہ ہو سکے

○

بے خودی میں یہ کون یاد آیا
خود بہ خود دل ہے بیقرار اپنا

○

ہم بوسہ مانگتے ہیں، وہ کچھ بولتے نہیں
محروم ہے سوال ہمارا، جواب سے

○

آئینۂ دل میں ہے ترا عکس
دن رات میں تجھ کو دیکھتا ہوں

○

وہ سنگ دل اک روز ہوا صاف نہ مجھ سے
کہتے ہیں غلط، سنگ سے آئینہ بنا ہے

○

گِلا اپنا ہے، باوفا کیوں ہوں
شکوہ اے بے وفا نہیں، تجھ سے

○

جو ترے عشق میں ہلاک نہیں
زندگانی میں لطف خاک نہیں

○

موت بندے کی جو صاحب آپ کو منظور ہے
آج بھی کوئی نہ آنے کا بہانہ کیجئے

○

دم نکلتا ہے مرا ہر عاشق و معشوق پر
گُل میں تیرا رنگ، بلبل میں تری آواز ہے

○

جان پا جاؤں، زندگی جائے
موت آ جائے گر جدائی میں

○

اگر جان جاؤں تو بھڑکاؤں اُس کو
جسے وہ بُت بے وفا چاہتا ہے

○

زندگی، زندہ دلی کا ہے نام
مردہ دل خاک جیا کرتے ہیں

○

آ گئے ہیں کس قدر ہم بھی فریب عشق میں
بُت کو اک مدّت تلک سمجھا کئے اللہ ہے

○

ہمارے نام کو کیا آج جان بھولے ہو
کہیں نہ پاؤ گے ڈھونڈے سے کل نشاں اپنا

○

آتے آتے جو پھر گیا ہے خواب
شاید اُس کا خیال آ پہونچا

○

معشوقوں سے امید وفا رکھتے ہو ناسخ
ناداں کوئی دنیا میں نہیں تم سے زیادہ

○

خواجہ حیدر بخش

# آتش

کون سی شب ہے جو رو رو کے نہیں کٹتی ہے
شام ہوتی ہے اُدھر چھاتی اِدھر پھٹتی ہے

○

چُپ ہو کیوں کچھ منھ سے فرماؤ خدا کے واسطے
آدمی سے بُت نہ بن جاؤ خدا کے واسطے

○

عجب تیری ہے اے محبوب صورت
نظر سے گر گئے سب خوبصورت

○

بے وفائی کا اگر عیب نہ ہوتا تم میں
اے بتو! سجدہ خدا کو نہ مسلماں کرتے

○

بانکی ادا سے قتل انھوں نے کیا ہمیں
مہندی لگا کے پاؤں میں پنجوں کے بل چلے

○

جس کو کہتے ہیں چودھویں کا چاند
تیری تصویر ہے جوانی کی

○

کسی نے مول نہ پوچھا دلِ شکستہ کا
کوئی خرید کے ٹوٹا پیالہ کیا کرتا

○

اک سال میں دس دن بھی جسے غم نہیں ہوتا
وہ شہر ہے جس میں کہ محرّم نہیں ہوتا

○

یار کے دل میں کدورت آئی ہے، ملتی تو میں
دو گھڑی دل کھول کر رونے کی فرصت مانگتا

○

کیا جگہ کوچۂ محبوب ہے سبحان اللہ
کوئی کعبہ، کوئی جنّت، کوئی گلشن سمجھا

○

کچھ نظر آتا نہیں اُس کے تصوّر کے سوا
حسرتِ دیدار نے آنکھوں کو اندھا کر دیا

○

دستِ قدرت نے بنایا ہے تجھے اے محبوب
ایسا ڈھالا ہوا سانچے میں بدن ہے کس کا

○

موسیٰ کی طرح ہم کو بھی دیدار کا ہے شوق
آنکھوں کو حوصلہ ہے تجلّی کی دید کا

○

شیخ ابراہیم

# ذوقؔ

مشکل ہے میرے عہد محبت کا ٹوٹنا
اے بے وفا یہ تیری خدا کی قسم نہیں

○

ہوا ہے اور نہ ہووے گا کوئی پیدا خدائی میں
وفا میں کوئی مجھ سا اور تم سا بے وفائی میں

○

تم بھول کر بھی یاد نہیں کرتے ہو کبھی
ہم تو تمہاری یاد میں سب کچھ بھلا چکے

○

تو ہماری زندگی، پر زندگی کی کیا امید
تو ہماری جان لیکن کیا بھروسہ جان کا

○

یا الٰہی کیا کہوں تیری عنایت کے سوا
میں نے کیا ایسا کیا جو ایسا دل پیدا کیا

○

آنا تو خفا آنا، جانا تو رُلا جانا
آنا ہے تو کیا آنا، جانا ہے تو کیا جانا

○

جو ترے دوست پہ تجھ بن ہے گذرتی ظالم
وہ مصیبت نہ ہو دنیا میں کسی دشمن پر

○

مسجد میں اُس نے ہم کو آنکھیں دکھا کے مارا
کافر کی دیکھو شوخی گھر میں خدا کے مارا

○

جہاں دیکھا کسی کے ساتھ دیکھا
کبھی ہم نے تجھے تنہا نہ پایا

○

ہم رونے پہ آجائیں تو دریا ہی بہائیں
شبنم کی طرح سے ہمیں رونا نہیں آتا

○

کوٹھے پہ اُن کے خوب بچے آج رات کو
تھا ہاتھ آگیا جو سہارا منڈیر کا

○

ترے آتے ہی آتے کام آخر ہو گیا میرا
رہی حسرت کہ دم میرا نہ تیرے روبرو نکلا

○

خط لکھا مجھ کو تو اس میں نام بھی پورا ۔ تھا
کیا کہوں قسمت کا لکھا آج پورا ہو گیا

○

اسداللہ خاں

# غالب

لے تو لوں سوتے میں اُس کے پاؤں کا بوسہ مگر
ایسی باتوں سے وہ کافر بدگماں ہو جائے گا

○

آئینہ دیکھ، اپنا سا منھ لے کے رہ گئے
صاحب کو دل نہ دینے پہ کتنا غرور تھا

○

دل دیا جان کے کیوں اُس کو وفادار اسدؔ
غلطی کی کہ جو کافر کو مسلماں سمجھا

○

محبت میں نہیں ہے فرق جینے اور مرنے کا
اُسی کو دیکھ کر جیتے ہیں جس کافر پہ دم نکلے

○

خوشی جینے کی کیا، مرنے کا غم کیا
ہماری زندگی کیا، اور ہم کیا

○

جاتے ہوئے کہتے ہو "قیامت کو ملیں گے"
کیا خوب! قیامت کا ہے گویا کوئی دن اور

○

مجھ کو پوچھا تو کچھ غضب نہ ہوا
میں غریب اور تو غریب نواز

○

ایسا آساں نہیں لہو رونا
دل میں طاقت، جگر میں حال کہاں

○

تم جانو، تم کو غیر سے جو رسم و راہ ہو
مجھ کو بھی پوچھتے رہو تو کیا گناہ ہو

○

آجا لب بام کوئی کب تک
دیوار سے اپنے سر کو پھوڑے

○

میری قسمت میں غم گر اتنا تھا
دل بھی یارب کئی دیے ہوتے

○

مجھ سے مت کہہ "تو ہمیں کہتا تھا اپنی زندگی"
زندگی سے بھی مرا جی ان دنوں بیزار ہے

○

پھر اسی بے وفا پہ مرتے ہیں
پھر وہی زندگی ہماری ہے

○

حکیم مومن خاں

# مومن

اُس کے اُٹھتے ہی ہم جہاں سے اُٹھے
کیا قیامت ہے دل کا آ جانا

○

تم ہمارے کسی طرح نہ ہوئے
ورنہ دنیا میں کیا نہیں ہوتا

○

سحر سے شام تک تجھ بن، یہی حالت رکھی دل نے
نہ مجھ کو چین دیتا ہے، نہ خود آرام لیتا ہے

○

تو نے رُسوا کیا مجھے اب تک
کوئی بھی جانتا تھا نام مرا

○

حالِ دل یار کو لکھوں کیوں کر
ہاتھ دل سے جدا نہیں ہوتا

○

کیا دکھ نہ دیکھے عشق میں کیا کیا نہ پائے داغ
زخموں پہ زخم جھیلے ہیں داغوں پہ کھائے داغ

○

قہر ہے، موت ہے، قضا ہے عشق
سچ تو یہ ہے بری بلا ہے عشق

○

مجھ پہ عاشق نہیں ہے کچھ ظالم
صبر آخر کرے وفا کب تک

○

ہے دوستی تو جانب دشمن نہ دیکھنا
جادو بھرا ہوا ہے تمہاری نگاہ میں

○

دوست کرتے ہیں ملامت، غیر کرتے ہیں گلہ
کیا قیامت ہے مجھی کو سب برا کہنے لگے

○

میں بھی کچھ خوش نہیں وفا کر کے
تم نے اچھا کیا، نباہ نہ کی

○

گر نہ بگڑو تو کیا بگڑتا ہے
مجھ میں طاقت نہیں لڑائی کی

○

رقیب کھائے قسم تو وفا کا آئے یقیں
تو میری جان ہے، کیا تیرا اعتبار مجھے

○

واجد علی شاہ

# اختر

ایک نے بھی نہ دی دوا ہم کو
کہہ چکے دردِ دل زمانے سے

○

صدمۂ فرقت سہا جاتا نہیں
مجھ کو میرا دل بھی سمجھاتا نہیں

○

بے مروّت ہو، بے وفا ہو تم
اپنے مطلب کے آشنا ہو تم

○

شبنم کے دوپٹے سے نہ کر مجھ سے ستم آڑ
دیتی ہے مری جان کو اب رنج و الم آڑ

○

جب سے پیدا ہوئے، رہے عاشق
عمر بھر اپنا ایک حال رہا

○

آنسو بہے رُخسار پر
دل نے مجھے رُسوا کیا

ہاتھ نکلے اپنے دونوں کام کے
دل کو تھاما اُن کا دامن تھام کے

○

خدا رکھے محبت نے کیے آباد دونوں گھر
میں ان کے دل میں رہتا ہوں، وہ میرے دل میں رہتے ہیں

○

یوں میرے ساتھ دفن دلِ بیقرار ہو
چھوٹا سا اک، مزار کے اندر، مزار ہو

○

ہم سے انکار ہوا، غیر سے اقرار ہوا
فیصلہ خوب کیا آپ نے دو باتوں میں

○

ہائے مجبوریاں محبت کی
حال کہنا پڑا ہے دشمن سے

○

ضد ہر اک بات میں نہیں اچھی
دوست کی دوست مان لیتے ہیں

○

الٰہی تو نے حسینوں کو کیوں کیا پیدا
کچھ ان کی ذات سے دنیا کا انتظام نہیں

○

نواب مرزا خاں

# داغ دہلوی

ہمارے دل میں بے کھٹکے محبت اپنی رہنے دو
امانت دار کا گھر ہے امانت اپنی رہنے دو

○

دل کیا ملاؤ گے کہ ہمیں ہو گیا یقیں
تم سے تو خاک میں بھی ملایا نہ جائے گا

○

اِدھر آ کلیجے سے تجھ کو لگا لوں
تجھی پر تو دل آ گیا ہے کسی کا

○

میری تصویر بھی دیکھی تو کہا شرما کر
یہ بڑا شخص ہے اِس کی نہیں نیت اچھی

○

للّٰلہ مجھ سے آنکھ چُرایا نہ کیجئے
ملتی نہیں ہے دل کی طرح سے نظر بھی کیا

○

باقی جہاں میں قیس نہ فرہاد رہ گیا
افسانہ عاشقوں کا فقط یاد رہ گیا

○

اے جان بتا تجھ کو کروں کس کے حوالے
تلوار بھی گردن پہ ہے، قاتل کی نظر بھی

○

دشمن کی دوستی کا نتیجہ بُرا ہوا
خنجر گلے ملا تو مرا سر جدا ہوا

○

لوٹنے والے ہماری نیند کے
رات بھر کس چین سے سوتے رہے

○

نیند آئے مجھے کیونکر، اپنے ہی ستاتے ہیں
جب آنکھ جھپکتی ہے، آنسو نکل آتے ہیں

○

میرے قاتل پر بھی اک وقت آ پڑا
قتل کرنے کے لئے جُھکنا پڑا

○

وہی رات میری، وہی رات اُن کی
کہیں بڑھ گئی ہے، کہیں گھٹ گئی ہے

○

ایک سے دو ہو کے ہم نے شام فرقت کاٹ لی
دل کو سمجھایا کیا میں، دل نے سمجھایا مجھے

○

الطاف حسین

# حالی

رنج اور رنج بھی تنہائی کا
وقت پہونچا مری رسوائی کا

○

دل سے خیال دوست بھلایا نہ جائے گا
سینے میں داغ ہے کہ مٹایا نہ جائے گا

○

اس کے جاتے ہی یہ کیا ہو گئی گھر کی صورت
نہ وہ دیوار کی صورت ہے، نہ در کی صورت

○

چور ہے دل میں کچھ نہ کچھ یارو
نیند پھر رات بھر نہ آئی آج

○

کھولی ہیں تم نے آنکھیں اے حادثو ہماری
احسان یہ نہ ہرگز بھولیں گے ہم تمہارا

○

بارہا دیکھ چکے تیرے فریب اے دنیا
ہم سے اب جان کے دھوکا نہیں کھایا جاتا

○

باتوں میں شکایت کی بو آتی ہے الفت کی
گر دل میں جگہ ہوتی، لب پر بھی گلہ ہوتا

○

جیتے جی موت کے منہ میں نہیں جانا ہرگز
دوستو دل نہ لگانا، نہ لگانا ہرگز

○

رنج کیا کیا ہیں ایک جان کے ساتھ
زندگی موت ہے، حیات نہیں

○

میں تو میں غیر کو مرنے سے اب انکار نہیں
اک قیامت ہے ترے ہاتھ میں تلوار نہیں

○

مصیبت کا اک اک سے احوال کہنا
مصیبت سے ہے یہ مصیبت زیادہ

○

حق وفا کے جو ہم جتانے لگے
آپ کچھ کہہ کے مسکرانے لگے

○

کر کے بیمار دی دوا تو نے
جان سے پہلے دل لیا تو نے

○

علی محمد

# شاد عظیم آبادی

تمناؤں میں اُلجھایا گیا ہوں
کھلونے دے کے بہلایا گیا ہوں

○

وہ آہ کیا جو زباں تک نہ لائے نام ترا
وہ درد کب ہے جو دل کو نہ دے پیام ترا

○

اُمڈ آیا دل اُن کا بھی مرے گردن جھکانے سے
گلے سے میرے مل کر، دیر تک کس پیار سے روئے

○

تلوار بھی ہے، وہ بھی ہیں، میں بھی ہوں، قضا بھی
قسمت میں جو ہونا ہے، وہ ہو جائے گا بس آج

○

کرنے لگا دوا کی جگہ زہر کی تلاش
عاجز ہے اپنی جان سے بیمار آپ کا

○

عمر بھر سہتے ہیں کس طرح جفا، کیا جانیں
مرنے والے ترے، مرنے کے سوا کیا جانیں

○

ارمان جی کا جی میں رہا، واہ رے نصیب
تیرِ نگاہ دل سے مرے پار ہو گیا

○

نہ دل اپنا، نہ غم اپنا، نہ کوئی غم گسار اپنا
ہم اپنا جانتے ہر چیز کو، ہوتا جو یار اپنا

○

خموشی سے مصیبت اور بھی سنگین ہوتی ہے
تڑپ اے دل، تڑپنے سے ذرا تسکین ہوتی ہے

○

اس کے لئے تو ہاتھ اُٹھانا بھی منع ہے
جس کی دُعا ہوں آپ، وہ کس کی دعا کرے

○

ہمارے زخم دل نے، دل لگی اچھی نکالی ہے
چھپائے سے تو چھپ جانا، مگر ناسور ہو جانا

○

نہ جاں میری، نہ دل میرا، خوشی میری نہ غم میرا
مجھے اے زندگی آزاد کر، گھٹتا ہے دم میرا

○

مانا کہ ہے عاشق کے مقدر میں تڑپنا
مرتے ہی پھر آ جاتا ہے آرام کہاں سے

○

سید ریاض احمد

# ریاضؔ خیرآبادی

جوانی کا اب رنگ کچھ آ چلا ہے
وہ اب ہو چلے ہیں ستانے کے قابل

○

نازک تو وہ تھے، ہو گئے کچھ اور بھی نازک
بل کھاتے ہیں گیسو تو لچکتی ہے کمر اب

○

بوسے گن کر کبھی لیتے نہیں معشوقوں کے
ہمیں گنتی نہیں آتی، نہ حساب آتا ہے

○

وہ شرمیلی آنکھیں، وہ شرمیلی باتیں
وہ ہنسنا بھی کھُل کر نہیں جانتے ہیں

○

تم کسی بات پہ افسوس نہ پورے اُترے
نہ جفائیں تمہیں آئیں، نہ وفائیں آئیں

○

ہائے حصّے میں ہمارے کم پڑے
یہ حسیں سب تھے ہمارے کام کے

○

درد دل آج سنایا جو انہیں رو رو کر
ہنس کے بولے کہ یہ قصہ ہے پرانا دل کا

○

اُن شوخ حسینوں سے یہ اب جا کے کہے کون
بُت ہوتے ہیں پتھر کے مگر دل نہیں ہوتا

○

کوئی پوچھے نہ ہم سے کیا ہوا دل
ہوا کیا؟ لُٹ گیا دل، مٹ گیا دل

○

لو دل کا داغ دے اُٹھے ایسا نہ کیجیے
ہے ڈر کی بات آگ سے کھیلا نہ کیجیے

○

قربان ترے چہرے کے، اس غصے کے صدقے
سُرخی کی جھلک آتی ہے، سُرخی نہیں آتی

○

چھیڑنا کافر بتوں کا ہے ثواب
جب ملیں اُن کو ستانا چاہیئے

○

بھول جائیں گے خدائی کا مزہ میرے بعد
یاد آئے گا بتوں کو بھی خدا میرے بعد

○

مرزا ذاکر حسین

# ثاقبؔ لکھنوی

بھلا دیا مجھے تو نے، تجھے میں کھو بیٹھا
نہ میں ترا ہوا، اے زندگی، نہ تو میری

○

بتایئے تو جسے آپ سُن کے روئے تھے
وہ داستان کسی غیر کی تھی یا میری

○

دل اگر تڑپا نہیں، آنسو اگر ٹپکے نہیں
آپ نے کیونکر مری بیتی کہانی یاد کی

○

کعبہ کدھر ہے شکر کا سجدہ ادا کروں
اللہ آپ آئے ہیں میرے مکان پر

○

اب تک مجھے کچھ اور دکھائی نہیں دیتا
کیا جانئے کس آنکھ سے یہ آنکھ لڑی ہے

○

وہ اُٹھے انگڑائیاں لیتے ہوئے
میں یہ سمجھا حشر برپا ہو گیا

○

اے جان بتا تجھ کو کروں کس کے حوالے
تلوار بھی گردن پہ ہے، قاتل کی نظر بھی

○

دشمن کی دوستی کا نتیجہ بُرا ہوا
خنجر گلے ملا تو مرا سر جدا ہوا

○

لوٹنے والے ہماری نیند کے
رات بھر کس چین سے سوتے رہے

○

نیند آئے مجھے کیونکر، اپنے ہی ستاتے ہیں
جب آنکھ جھپکتی ہے، آنسو نکل آتے ہیں

○

میرے قاتل پہ بھی اک وقت آ پڑا
قتل کرنے کے لئے جُھکنا پڑا

○

وہی رات میری، وہی رات اُن کی
کہیں بڑھ گئی ہے، کہیں گھٹ گئی ہے

○

ایک سے دو ہو کے ہم نے شام فرقت کاٹ لی
دل کو سمجھایا کیا میں، دل نے سمجھایا مجھے

○

دل کے ہوتے بھی کہیں درد جدا ہوتا ہے
اک فقط موت کے آجانے سے کیا ہوتا ہے

○

کہاں تک جفا حسن والوں کی سہتے
جوانی جو رہتی تو پھر ہم نہ رہتے

○

ہزاروں داغ ہیں دل میں کہیں پردہ نہ کھل جائے
ادھر آنا تو پہلے ان چراغوں کو بجھا دینا

○

ذرّے ذرّے سے مری خاک یہ دیتی ہے صدا
رہے آباد وہ جس نے مجھے برباد کیا

○

تم نے بجھا دیا، یہ جفا تھی کہ پیار تھا
تصویرِ میرے دل کی چراغِ مزار تھا

○

دیارِ دل میں کہیں دوست کا پتہ نہ ملا
وہ بدنصیب ہوں کعبے میں بھی خدا نہ ملا

○

ذرا بھی دل میں تمہارے اگر وفا ہوتی
تو میرے ساتھ تمہارا بھی امتحاں ہوتا

○

جہاں تک آنکھ میں آنسو تھے رو کے دیکھ لیا
کہ دل کی آگ کا ممکن نہیں بجھا دینا

○

جلوۂ حسن اک اشارے میں بہت کچھ کہہ گیا
میں نہیں سمجھا مگر ہاں، دل تڑپ کر رہ گیا

○

ہنس کے بھی، رو کے بھی کہا لیکن
مطلبِ دل کبھی ادا نہ ہوا

○

جو اچھا کر نہیں سکتے تو کیوں تڑپوں میں بستر پر
دعا دینا نہیں آتا تو سیکھو بد دعا دینا

○

حالت مرے زخموں کی سُننے میں مزہ کیا ہے
اس کو وہی سمجھیں گے جن لوگوں نے دیکھا ہے

○

پردے سے باہر آ گیا اب زندگی کا راز
دیکھو تو دیکھ جاؤ کبھی اک نظر مجھے

○

یہ کیا تمہیں نیند آئی اور مجھ پہ بگڑتے ہو
دلچسپ نہ تھا قصہ، تم نے نہ سُنا ہوتا

○

سید انور حسین

# آرزو لکھنوی

ملی آنکھ ماتھے سے ٹپکا پسینہ
یہ چاہت کے ساون کی پہلی جھڑی ہے

○

چھٹے جو تم سے زمانے کو ہم نے یوں چھوڑا
کہ چاند تک نہیں دیکھا کئی مہینے سے

○

تمہاری طرح نہیں اس کو عادتِ انکار
غریب دل ہے مگر حوصلہ امیر کا ہے

○

کس نے بھیگے ہوئے بالوں سے یہ جھٹکا پانی
جھوم کے آئی گھٹا، ٹوٹ کے برسا پانی

○

دل کی لگی میں ہوش کسے صبح و شام کا
اک شمع جلتے آٹھ پہر دیکھتے رہے

○

اُف رے بیدرد پڑھ کے سارا خط
کہہ دیا یہ نہیں ہمارا خط

○

آنسو کہ پسینہ ہے، کوئی اسے کیا سمجھے
مکھ ڈھانکے وہ لیٹے ہیں، بھیگا ہوا آنچل ہے

○

ہم خدائی میں ہو گئے رسوا
مگر اُن کو خبر نہیں ہوتی

○

یوں آگ لگاتے پھرتے ہو کیوں، جب گرم ہوا سے ڈرتے ہو
دل پہلے جلا کر خاک کیا، اب ٹھنڈی سانسیں بھرتے ہو

○

کھائی ہو کبھی چوٹ تو دُکھ اور کا سمجھیں
وہ ہنس رہے ہیں اور یہاں جی پہ بنی ہے

○

جی پہ اُداسی چھا گئی، ساری اُمنگیں مٹ گئیں
ایک وہ اُٹھ کے کیا گئے، جیسے کہ گھر اُجڑ گیا

○

مرے غم نے ہوش اُن کے بھی کھو دیئے
وہ سمجھاتے سمجھاتے خود رو دیئے

○

اپنے کئے کا رونا کیا
رونے سے آخر ہونا کیا

○

شیخ محمد اقبال

# اقبال

ترے عشق کی انتہا چاہتا ہوں
مری سادگی دیکھ کیا چاہتا ہوں

○

مانا کہ تیری دید کے قابل نہیں ہوں میں
تو میرا شوق دیکھ، مرا انتظار دیکھ

○

تمہارے پیامی نے سب راز کھولا
خطا اس میں بندے کی سرکار کیا تھی

○

ترے شیشے میں مے باقی نہیں
بتا کیا تو مرا ساقی نہیں

○

میری بربادی کی ہے چھوٹی سی اک تصویر تو
خواب میری زندگی تھی جس کی ہے تعبیر تو

○

کاروبار زندگانی میں وہ ہم پہلو مرا
وہ محبت میں تری تصویر، وہ بازو مرا

○

خود مسیحا، خود ہی قاتل ہیں تو وہ بھی کیا کریں
زخمِ دل پیدا کریں یا زخمِ دل اچھا کریں

○

بدلا ہوا تھا رنگ گُلوں کا ترے بغیر
کچھ خاک سی اُڑی ہوئی سارے چمن میں تھی

○

یوں مٹ گئی وفا کہ زمانے کا ذکر کیا
اب دوست سے بھی کوئی شکایت نہیں رہی

○

ادھر نہ دیکھ مجھے بیقرار رہنے دے
مری نظر میں مرا اعتبار رہنے دے

○

موت آتی ہے، تم نہ آؤ گے
تم نہ آئے تو موت آئی ہے

○

اچھا یقیں نہیں ہے تو کشتی ڈبو کے دیکھ
اک تو ہی ناخدا نہیں ظالم، خدا بھی ہے

○

جینے بھی نہیں دیتے، مرنے بھی نہیں دیتے
کیا تم نے محبت کی ہر رسم اُٹھا ڈالی

○

شوکت علی خاں

# فانیؔ بدایونی

ذکر جب چھڑ گیا قیامت کا
بات پہونچی تری جوانی تک

○

تری ترچھی نظر کا تیر ہے مشکل سے نکلے گا
دل اس کے ساتھ نکلے گا، اگر یہ دل سے نکلے گا

○

موت کا انتظار باقی ہے
آپ کا انتظار تھا، نہ رہا

○

آیا ہے بعد مدت، بچھڑے ہوے ملے ہیں
دل سے لپٹ لپٹ کر غم بار بار رویا

○

مہربانی کی آس رہنے دو
کون جیتا ہے مہربانی تک

○

دل تری یاد سے آباد ہے اب تک ورنہ
غم نے کب کا، اِسے ویرانہ بنایا ہوتا

○

خود مسیحا، خود ہی قاتل ہیں تو وہ بھی کیا کریں
زخمِ دل پیدا کریں یا زخمِ دل اچھا کریں

○

بدلا ہوا تھا رنگ گلوں کا ترے بغیر
کچھ خاک سی اُڑی ہوئی سارے چمن میں تھی

○

یوں مٹ گئی وفا کہ زمانے کا ذکر کیا
اب دوست سے بھی کوئی شکایت نہیں رہی

○

ادھر نہ دیکھ مجھے بیقرار رہنے دے
مری نظر میں مرا اعتبار رہنے دے

○

موت آتی ہے، تم نہ آؤ گے
تم نہ آئے تو موت آئی ہے

○

اچھا یقیں نہیں ہے تو کشتی ڈبو کے دیکھ
اک تو ہی ناخدا نہیں ظالم، خدا بھی ہے

○

جینے بھی نہیں دیتے، مرنے بھی نہیں دیتے
کیا تم نے محبت کی ہر رسم اُٹھا ڈالی

○

سید فضل الحسن

# حسرت موہانی

وہ شرمائے بیٹھے ہیں گردن جھکائے
غضب ہو گیا اک نظر دیکھ لینا

○

عشق میں جان سے گزر جائیں
اب یہی جی میں ہے کہ مر جائیں

○

وفا تجھ سے اے بے وفا چاہتا ہوں
مری سادگی دیکھ کیا چاہتا ہوں

○

بیمارِ غم ہیں، دور سے آئے ہیں سن کے نام
کہتے ہیں دردِ دل کی دوا ہے تمہارے پاس

○

حال میرا خراب ہے کہ نہیں
آج تو آپ نے بھی آ دیکھا

○

ہم کیا کریں اگر نہ تری آرزو کریں
دنیا میں اور بھی کوئی تیرے سوا ہے کیا

○

ہم نے کس دن ترے کوچے میں گذارا نہ کیا
تو نے اے شوخ مگر کام ہمارا نہ کیا

○

آئینے میں وہ دیکھ رہے تھے بہارِ حسن
آیا مرا خیال تو شرما کے رہ گئے

○

اندھیرے میں وہ آ لپٹے تھے پہلے کس کے دھوکے میں
کہ جب آخر مجھے دیکھا تو شرما کے کہا، تم ہو

○

ہرے ہو گئے زخم سب آرزو کے
گلی میں تری کاش جانا نہ ہوتا

○

بھلاتا لاکھ ہوں لیکن برابر یاد آتے ہیں
الٰہی ترکِ الفت پر وہ کیونکر یاد آتے ہیں

○

جان کو صبر ہے، نہ دل کو ہے تاب
تو نہیں ہے تو زندگی ہے خراب

○

ہوں گی پوری ان کی سب فرمائشیں
ایک بھی ہم سے ٹالی نہ جائے گی

○

وہ دور سے ہی ہمیں دیکھ لیں یہی ہے بہت
مگر قبول ہمارا سلام ہو جائے

○

اقرار ہے کہ دل سے تمہیں چاہتے ہیں ہم
کچھ اس گناہ کی بھی سزا ہے تمہارے پاس

○

ایسے بگڑے کہ پھر جفا بھی نہ کی
دشمنی کا بھی حق ادا نہ ہوا

○

مرا عشق بھی خودغرض ہو چلا ہے
ترے حسن کو بے وفا کہتے کہتے

○

ہم سے دل آپ نے اٹھا تو لیا
پر کہیں اور بھی لگا نہ سکے

○

کہنے کو تو میں بھول گیا ہوں مگر اے یار
ہے خانۂ دل میں تری تصویر ابھی تک

○

تمہارے حسن کی جو کچھ بھی شہرت ہونے والی ہے
جو سچ پوچھو تو میری ہی بدولت ہونے والی ہے

○

سزا دو گے ہمیں کب تک، کہاں تک
خدا جانے تمہارے دل میں کیا ہے

○

ترے غم سے عجب عالم ہے دل کا
کہ یہ نگری اُجڑتی ہے، نہ بستی

○

نہ جب تجھ سے مطلب رہا کچھ، تو دل سے
تری یاد کو بھی بھلانا پڑے گا

○

اُسی سے چھپتے ہیں ہوتی ہے جس پہ اُن کی نظر
اگر یہی ہے تو امیدوار ہم بھی ہیں

○

روگ دل کو لگا گئیں آنکھیں
اک تماشہ دکھا گئیں آنکھیں

○

مایوس نہ یوں ہوتے، تو دور اگر ہوتا
ہم کچھ نہ تجھے کہتے مجبور اگر ہوتا

○

ہم خوش ہیں بہرحال جفا ہو کہ وفا ہو
وہ یوں کہ محبت کی سزا میں بھی مزا ہے

○

اصغر حسین

# اصغر گونڈوی

دل کے مٹنے کا مجھے کچھ اور ایسا غم نہیں
ہاں مگر اتنا کہ ہے اس میں تمہاری یاد بھی

○

سامنے اُن کے تڑپ کر اس طرح فریاد کی
میں نے پوری شکل دکھلا دی دلِ ناشاد کی

○

اب تو یہ تمنا ہے کسی کو بھی نہ دیکھوں
صورت جو دکھا دی ہے تو لے جاؤ نظر بھی

○

وہ شوخیوں سے جلوہ دکھا کر تو چل دیے
اُن کی خبر کو جاؤں کہ اپنی خبر کو میں

○

تسلیم مجھ کو خانۂ کعبہ کی منزلت
سب کچھ سہی، مگر وہ ترا آستاں نہیں

○

جو دل سے تیر کوئی پار بھی ہوا تو کیا
تڑپ رہا ہوں ابھی تک تری نظر کے لئے

○

سما گئے مری نظروں میں، چھا گئے دل پر
خیال کرتا ہوں ان کو کہ دیکھتا ہوں میں

○

جو بھی اب گذرنا ہو، جان پر گذر جائے
جھاڑکے اُٹھے دامن اس کے آستانے سے

○

کوئی ایسا نہیں یارب جو اس کے درد کو سمجھے
نہیں معلوم کیوں خاموش ہے دیوانہ برسوں سے

○

آ گئی سامنے اک جلوۂ رنگیں کی بہار
عشق نے آج دکھا دی مری صورت مجھ کو

○

جینا بھی آگیا مجھے، مرنا بھی آگیا
پہچاننے لگا ہوں تمہاری نظر کو میں

○

ہم ایک بار جلوۂ جانانہ دیکھتے
پھر کعبہ دیکھتے نہ صنم خانہ دیکھتے

○

تو وہ قاتل ہے کہ ہر وار ترا، رحمت ہے
میں وہ زخمی ہوں کہ ہر زخم ہے اک تازہ علاج

○

مرزا واجد حسین

# یاس۔ یگانہ چنگیزی

اللہ اللہ یہ وقت بھی آ پہونچا
پیاری صورت پہ پیار آتا نہیں اب

○

تیرے دم سے ہے اپنی دنیا آباد
اے درد! خدا تجھے سلامت رکھے

○

آنکھ لڑنے لگی دیوانوں سے دیوانوں کی
چل نہ جائے کہیں تلوار خدا خیر کرے

○

دنیا سے اُٹھے ہیں دل کی دل ہی میں لئے
کس کام کی زندگی کہ ناکام جئے

○

لڑتے ہی نگاہ دل دھڑکنے نہ لگے
نیت معصوم کی بھٹکنے نہ لگے

○

اچھا ہے ڈھل چکی جوانی اُن کی
سورج نہ ڈھلے تو پھر قیامت ہو جائے

○

کیا حُسن ہے واہ کیا مسیحائی ہے
مُردہ بھی تمہیں دیکھ کے ہوتا ہے کھڑا

○

کیونکر ممکن ہے حُسن سے منھ پھیرے
مارے سے کبھی دل نہیں مر سکنے کا

○

ہنستا ہوں خود اپنے حال پر، میرے لئے
رو رو کے دعا مانگنے والا، تو کون

○

عید اپنی منا لیتے محرم ہی سہی
مل جاتے کہیں آپ جہنم ہی سہی

○

پہلے دل کو ٹٹول لیتا ہوں
پھر تحفۂ درد مول لیتا ہوں

○

دیوانہ کیوں تیری نظر پر نہ چڑھے
پروانہ وہ کیا جو شمع کے سر نہ چڑھے

○

بادل کو لگی گھلتے برستے کچھ دیر
دل کو نہ لگی اُجڑتے بستے کچھ دیر

○

علی سکندر

# جگر مرادآبادی

ایک رنگیں نقاب نے مارا
حسن بن کر حجاب نے مارا

○

مٹا کر ہمیں آپ پچھتایئے گا
کمی کوئی محسوس فرمایئے گا

○

اب تو یہ بھی نہیں رہا احساس
درد ہوتا ہے یا نہیں ہوتا

○

اب اُن کا کیا بھروسہ وہ آئیں یا نہ آئیں
آ' اے غمِ محبت تجھ کو گلے لگائیں

○

ہم نہیں جانتے محبت میں
رنج کیا چیز ہے خوشی کیا ہے

○

یقیں کرو کہ تمہاری جگہ جو ہم ہوتے
محبتوں کے خزانے لٹا دیا کرتے

○

یوں نہ پردہ کرو خدا کے لئے
دیکھو دنیا تباہ ہوتی ہے

○

کٹے گی شب غم بڑی راحتوں سے
تری یاد ہوگی، ترا دھیان ہوگا

○

دھڑکنے لگا دل، نظر جھک گئی
کبھی ان سے جب سامنا ہو گیا

○

آہ رو لینے سے بھی کب بوجھ دل کا کم ہوا
جب کسی کی یاد آئی پھر وہی عالم ہوا

○

لاکھوں میں انتخاب کے قابل بنا دیا
جس دل کو تم نے دیکھ لیا دل بنا دیا

○

مجھ کو وہ لذت ملی، احساس مشکل ہو گیا
رہتے رہتے دل میں تیرا درد بھی دل ہو گیا

○

آنکھوں سے جان جائیے فرقت کا ماجرا
اشکوں سے پوچھ لیجئے جو دل کا حال ہے

○

رگھوپتی سہائے

# فراق گورکھپوری

دل ہی نے مجھے تجھ سے ملایا
تجھ سے چھڑایا بھی دل ہی نے

○

اب تو تری ہر نگاہ کافر
ایمان کی جان ہو گئی ہے

○

جینے والے جی لیں گے
اب نہ ملو گے؟ اچھی بات

○

ترے پہلو میں کیوں ہوتا ہے محسوس
کہ تجھ سے دور ہوتا جا رہا ہوں

○

غرض کہ کاٹ دیے زندگی کے دن اے دوست
وہ تیری یاد میں ہو یا تجھے بھلانے میں

○

میں ہوں، دل ہے، تنہائی ہے
تم بھی جو ہوتے اچھا ہوتا

○

ایک مدت سے تری یاد بھی آئی نہ ہمیں
اور ہم بھول گئے ہوں تجھے ایسا بھی نہیں

○

کم سے کم موت سے ایسی مجھے امید نہ تھی
زندگی تونے تو دھوکے پہ دیا ہے دھوکا

○

نہ کوئی وعدہ، نہ کوئی یقیں، نہ کوئی امید
خبر نہیں مجھے کیوں تیرا انتظار ہے آج

○

ہم سے کیا ہو سکا محبت میں
تو نے تو خیر بے وفائی کی

○

بس ایک تو نہ ملا راہِ شوق میں ورنہ
قدم قدم پہ ملی ہیں نشانیاں تیری

○

یہ تو نہیں کہ غم نہیں
ہاں مری آنکھیں نم نہیں

○

بہت پہلے سے ان قدموں کی آہٹ جان لیتے ہیں
تجھے اے زندگی ہم دور سے پہچان لیتے ہیں

○

محمد حفیظ

# حفیظ جالندھری

ہاتھ رکھ رکھ کے وہ سینے پہ کسی کا کہنا
دل سے درد اُٹھتا ہے پہلے، کہ جگر سے پہلے

○

دل لگاؤ، تو لگاؤ دل سے دل
دل لگی ہی دل لگی، اچھی نہیں

○

حال یہ ہے کہ ہم غریبوں کا
حال تم نے کبھی سُنا ہی نہیں

○

مرے اللہ شاید تیرا کوئی خاص مقصد تھا
مری پھوٹی ہوئی تقدیر سے، ٹوٹے ہوئے دل سے

○

رہے ان کے بہانے ہی بہانے
بہانے ہی بہانے مار ڈالا

○

اے میرے رونے والو، خدارا جواب دو
وہ بار بار پوچھتے ہیں کون مر گیا

○

رنگ بدلا یار نے، وہ پیار کی باتیں گئیں
وہ ملاقاتیں گئیں، وہ چاندنی راتیں گئیں

○

آبادی ہی آبادی، بربادی ہی بربادی
وہ حسن کا عالم ہے، یہ عشق کی دنیا ہے

○

کس منہ سے کہہ رہے ہو مجھے کچھ غرض نہیں
کس منہ سے تم نے وعدہ کیا تھا نباہ کا

○

لو وہ تو آکے بیٹھ گئے میرے سامنے
اٹھنا پڑے نہ بزم سے دل تھام کر مجھے

○

مدتوں تک جو پڑھایا کیا استاد مجھے
عشق میں بھول گیا کچھ نہ رہا یاد مجھے

○

جان جاتی ہے گھڑی بھر کے لئے اور نہ جاؤ
جاتے جاتے یہ مری جان پہ احساں ہوگا

○

جھوٹی تسلیوں سے نہ بہلاؤ، جاؤ جاؤ
جاؤ کہ تم نہیں ہو مرے اختیار میں

○

اسرار الحق

# مجاز

ابھی بہار بہت دور ہے مگر دل میں
جنونِ عشق کے آثار پائے جاتے ہیں

○

جگر کی خبر ہے نہ دل کی خبر
مگر لڑ رہی ہے نظر سے نظر

○

تم اگر روٹھو تو اک تم کو منانے کے لئے
گیت گا سکتا ہوں میں آنسو بہا سکتا ہوں میں

○

یہ آنا کوئی آنا ہے کہ بس رسماً چلے آئے
یہ ملنا خاک ملنا ہے کہ دل سے دل نہیں ملتا

○

وہ مجھ کو چاہتی ہے اور مجھ تک آ نہیں سکتی
میں اُس کو پوجتا ہوں اور اُس کو پا نہیں سکتا

○

اپنے دل کو دونوں عالم سے اٹھا سکتا ہوں میں
کیا سمجھتی ہو کہ تم کو بھی بھلا سکتا ہوں میں

○

عشق نے آنکھ جھکا لی ورنہ
حسن اور حسن کا پردا کیا تھا

○

کچھ تمہاری نگاہ کافر تھی
کچھ مجھے بھی خراب ہونا تھا

○

جگر اور دل کو بچانا بھی ہے
نظر آپ ہی سے ملانا بھی ہے

○

آنکھ سے آنکھ جب نہیں ملتی
دل سے دل ہمکلام ہوتا ہے

○

مجھ کو یہ آرزو وہ اٹھائیں نقاب خود
ان کو یہ انتظار تقاضا کرے کوئی

○

میری باتوں میں مسیحائی ہے
لوگ کہتے ہیں کہ بیمار ہوں میں

○

مٹا دیا ہے مجھے عشق نے مجاز مگر
ستانے والے ابھی تک ستائے جاتے ہیں

○

فیض احمد

# فیض

رات یوں دل میں تری کھوئی ہوئی یاد آئی
جیسے ویرانے میں چپکے سے بہار آجائے

○

اک تری دید چھن گئی مجھ سے
ورنہ دنیا میں کیا نہیں باقی

○

نہ جانے کس لئے امیدوار بیٹھا ہوں
اک ایسی راہ پہ جو تیری رہگذر بھی نہیں

○

اور کیا دیکھنے کو باقی ہے
آپ سے دل لگا کے دیکھ لیا

○

نہ گئی تیری بے رُخی، نہ گئی
ہم تری آرزو بھی کھو بیٹھے

○

تمہاری یاد کے جب زخم بھرنے لگتے ہیں
کسی بہانے تمہیں یاد کرنے لگتے ہیں

○

کر رہا تھا غمِ جہاں کا حساب
آج تم یاد بے حساب آئے

○

اُٹھ کر تو آ گئے ہیں تری بزم سے مگر
کچھ دل ہی جانتا ہے کہ کس دل سے آئے ہیں

○

جب تجھے یاد کر لیا، صبح مہک مہک اُٹھی
جب ترا غم جگا لیا، رات مچل مچل گئی

○

جاؤ اب سو رہو ستارو
درد کی رات ڈھل چلی ہے

○

سانس تھامے ہیں نگاہیں کہ نہ جانے کس دم
تم پلٹ آؤ، گذر جاؤ، یا مڑ کر دیکھو

○

کب تک سنے گی رات، کہاں تک سنائیں ہم
شکوے گلے سب آج ترے روبرو کریں

○

سخت ویراں ہے محفلِ ہستی
اے غمِ دوست تو کہاں ہے آج

○

احمد مجتبیٰ

# وامق جونپوری

اب بھی اُس کی یاد آتی ہے
ترکِ عشق کیا ہے کب کا

○

عشق پر زور تو چل سکتا ہے، یادوں پہ نہیں
یاد ناگن ہے جو ڈستی ہی چلی جائے گی

○

یہی پتھر ہے جسے کہتے ہیں سب تاج محل
سر پہ آ سے تو محبت کی سزا کہتے ہیں

○

کیا دوست کو روئیں کہ جہاں میں اب تو
دشمن بھی ٹھکانے کا نہیں ملتا ہے

○

رات بھی مرجھا چلی، چاند بھی کمھلا گیا
پھر بھی ترا انتظار دیکھیے کب تک رہے

○

پہچان بھی نہ پائیں گے آپ اپنی شکل کو
ٹوٹا ہے دل کا آئینہ کیا روبرو کریں

○

وہ چھین لے گئے سب کچھ تعلقات کے ساتھ
ہماری ذات سے اُن کو ملال ہے پھر بھی

○

حسرتوں کا ہمیں نہ پرسا دو
ہم نے یہ رسم ہی اُٹھا دی ہے

○

تجھ سے مل کر دل میں رہ جاتی ہے ارمانوں کی بات
یاد رہتی ہے کسے ساحل پہ طوفانوں کی بات

○

شہر کی بھیڑ میں کھو جانے دو
ہم کو تنہائی میں لطف آتا ہے

○

کہہ رہا ہوں زباں نہ کھلواؤ
بات کے زخم کی دوا ہی نہیں

○

وہ جس نے چھین لیا ہم سے ہر سہارے کو
عجب مذاق اُسی کو دیا سہارا پھر

○

اُن کے در پر چلو ذرا حق کوئی ہنگامہ رہے
دیکھیں آواز مری سن کے وہ کیا کہتے ہیں

○

# شکیل بدایونی

کتنی دلکش ہیں تری تصویر کی رعنائیاں
لیکن اے پردہ نشیں تصویر پھر تصویر ہے

○

انھیں اپنے دل کی خبریں مرے دل سے مل رہی ہیں
میں جو اُن سے روٹھ جاؤں تو پیام تک نہ پہونچے

○

نظروں پہ ستم، دل پہ جفا ہو کے رہے گی
ہے جرم محبت تو سزا ہو کے رہے گی

○

غم عشق رہ گیا ہے غم جستجو میں ڈھل کے
وہ نظر سے چھپ گئے ہیں مری زندگی بدل کے

○

تم زمانے کے ہو، ہمارے سوا
ہم کسی کے نہیں، تمہارے سوا

○

ترے بغیر عجب بزم دل کا عالم ہے
چراغ سینکڑوں جلتے ہیں روشنی کم ہے

○

ان کی یاد، ان کی تمنا، ان کا غم
کٹ رہی ہے زندگی آرام سے

○

چھپ چھپ کے دیکھتے ہیں وہ چلمن کی اوٹ سے
جلوے پکارتے ہیں کہ پردہ ہے ان دنوں

○

زندگی آ تجھے قاتل کے حوالے کر دوں
مجھ سے اب خون تمنا نہیں دیکھا جاتا

○

دشمنوں کے ستم کا خوف نہیں
دوستوں کی وفا سے ڈرتے ہیں

○

لمحہ لمحہ بار ہے تیرے بغیر
زندگی دشوار ہے تیرے بغیر

○

رفتہ رفتہ بجھتا جاتا ہے چراغ آرزو
پہلے دل خاموش تھا اب زندگی خاموش ہے

○

دل کے بہلانے کی تدبیر تو ہے
تو نہیں ہے تری تصویر تو ہے

○

عبدالرزاق خان

# دلؔ لکھنوی

آ مرے پاس حُسن کے تارے
دور سے جگمگا رہا ہے تو

○

میری آنکھوں میں آنکھیں نہ ڈالو
دل کہیں دل سے ٹکرا نہ جائے

○

نور سے جب نہائیں گے ہم تم
سارے غم بھول جائیں گے ہم تم

○

رُخ سے پردہ ہٹا چاند شرما گیا
زلف بکھری تو کالی گھٹا چھا گئی

○

کہیں دھوکا نہ ہو محبت میں
آپ اور بیقرار، ارے توبہ

○

نظر اُن سے ملانا چاہتا ہوں
میں دل کو دل بنانا چاہتا ہوں

○

ہزار بار نظر آزمائی جاتی ہے
تب ایک مرتبہ صورت دکھائی جاتی ہے

○

پھر تم اسی ادا سے انگڑائی لے کے ہنس دو
آجائے گا پلٹ کر گذرا ہوا زمانہ

○

مری آنکھ میں ہے محبت کا جادو
سمجھ بوجھ کر مجھ سے نظریں ملانا

○

مصیبت کا شکوہ جو اُن سے کیا
بگڑ کر یہ بولے کہ ہم کیا کریں

○

آپ ہی نظر آئے جس طرف نظر ڈالی
آپ سا زمانے میں دوسرا نہیں ملتا

○

الٰہی دن کی گھڑیاں کچھ بڑھا دے
غموں کی رات آئی جا رہی ہے

○

دل کی حالت اور کیا بتلائیں ہم
ایک شیشہ ہے جو چکنا چور ہے

○

عبدالحیٔ

# ساحر لدھیانوی

مجھے تو زندگی بھر اب تری یادوں پہ جینا ہے
تجھے بھی کیا کبھی گذرے زمانے یاد آئیں گے

○

تری تڑپ سے نہ تڑپا تھا میرا دل لیکن
ترے سکون سے بے چین ہو گیا ہوں میں

○

تمہیں اداس سی پاتا ہوں میں کئی دن سے
نہ جانے کون سے صدمے اُٹھا رہی ہو تم

○

سوچتا ہوں کہ محبت سے کنارہ کر لوں
دل کو بیگانۂ ترغیبِ تمنّا کر لوں

○

کسی کے وعدے پہ کیوں اعتبار ہم نے کیا
نہ آنے والوں کا کیوں انتظار ہم نے کیا

○

کون کہتا ہے محبت کی زباں ہوتی ہے
یہ حقیقت تو نگاہوں سے بیاں ہوتی ہے

○

دنیا کو بھول کر مری باہوں میں جھول جا
آواز دے رہا ہوں وفا کے مقام سے

○

زمانے بھر میں ہیں چرچے مری تباہی کے
میں ڈر رہا ہوں کہیں کوئی تیرا نہ نام لے

○

یہ غم بہت ہیں مری زندگی مٹانے کو
اُداس رہ کے مرے دل کو اور رنج نہ دو

○

اپنا دل پیش کروں، اپنی وفا پیش کروں
کچھ سمجھ میں نہیں آتا تجھے کیا پیش کروں

○

تیری نظروں کو محبت کی تمنا نہ سہی
تیری نظریں میری ہمراز تو بن سکتی ہیں

○

تمہارے عہدِ وفا کو میں عہد کیا سمجھوں
مجھے خود اپنی محبت کا اعتبار نہیں

○

اپنی تباہیوں کا مجھے کوئی غم نہیں
تم نے کسی کے ساتھ محبت نبھا تو دی

○

چندر پرکاش شرما

# جوہر بجنوری

میں انتظار ہی میں رہا اور زندگی
چپ چاپ میرے پاس سے ہو کر گزر گئی

○

دل کے بدلے درد ملا ہے
مل گئی قیمت پوری پوری

○

لذتِ عشق بھی کیا چیز ہے اللہ اللہ
کوئی تو دیکھے مرے درد میں شامل ہو کر

○

آج بھی یوں تو نہیں جوشِ محبت میں کمی
ہاں مگر دل کے دھڑکنے کا وہ انداز نہیں

○

آپ کا ساتھ جب سے چھوٹا ہے
زندگی کا سفر ہے بے رونق

○

دھڑکنیں دل کی غور سے سن کر
سوچتا ہوں ترا پیام نہ ہو

○

خطا معاف یہ ملنا بھی کوئی ملنا ہے
تم اپنے ہوکے بھی ملتے ہو اجنبی کی طرح

○

تجھ کو بھلا کر اب میں سمجھا
یاد تھی تیری کتنی ضروری

○

مرا ہی ہاتھ نہیں ہے مری تباہی میں
ترا بھی اس میں اشارہ دکھائی دیتا ہے

○

قدم قدم پہ جہاں امتحانِ دل ہوگا
ملیں گے راہ میں ایسے بھی کچھ مقام ابھی

○

آنسو مری پلکوں پہ مچلیں تو مچلنے دو
بجھتے ہوئے شعلوں کو کچھ دیر تو جلنے دو

○

نہ جانے عشق کی منزل بھی کیسی منزل ہے
تمام عمر چلے پھر بھی فاصلے ہیں بہت

○

تو نہ بن سکا میرا، میں نہ ہو سکا تیرا
وہ قصور تیرا تھا، یہ قصور میرا ہے

○

# ناصر کاظمی

آرزو ہے کہ تو یہاں آئے
اور پھر عمر بھر نہ جائے کہیں

○

میں تو آج بہت رویا ہوں
تو بھی شاید رویا ہو گا

○

اس قدر رویا ہوں تیری یاد میں
آئینے آنکھوں کے دھندلے ہو گئے

○

جدا ہوئے ہیں بہت لوگ، ایک تم بھی سہی
اب اتنی بات پہ کیا زندگی حرام کریں

○

تیری یاد سے لڑتا ہوں
دیکھ تو میرا پاگل پن

○

تیری مجبوریاں درست مگر
تو نے وعدہ کیا تھا، یاد تو کر

○

کون اچھا ہے اس زمانے میں
کیوں کسی کو برُا کہے کوئی

○

بات نہ کر صورت تو دکھا دے
تیرا اس میں کیا جاتا ہے

○

تری گلی میں بہت دیر سے کھڑا ہوں مگر
کسی نے پوچھ لیا تو جواب کیا دوں گا

○

تو نے جتنا پیار کیا تھا
دکھ بھی مجھے اتنا ہی دیا ہے

○

دیکھ کر جو ہمیں چپ چاپ گذر جاتا ہے
کبھی اس شخص سے ہم پیار کیا کرتے تھے

○

کیوں نہ روؤں تری جدائی میں
دن گذارے ہیں تیرے پاس بہت

○

ذرا سی بات سہی تیرا یاد آ جانا
ذرا سی بات بہت دیر تک رُلاتی تھی

○

دیکھ محبت کا دستور
تو مجھ سے میں تجھ سے دور

○

تیری زلفوں کے بکھرنے کا سبب ہے کوئی
آنکھ کہتی ہے ترے دل میں طلب ہے کوئی

○

پھول سے ناچتے ہیں ہونٹوں پر
جیسے سچ مچ کسی کو چوم لیا

○

اُس کے آنے کی کچھ کہو یارو
نیند تو خیر آ ہی جائے گی

○

تو کون ہے، تیرا نام کیا ہے
کیا سچ ہے کہ تیرے ہو گئے ہم

○

کوئی جئے یا کوئی مرے
تم اپنی سی کر گذرے

○

دل میں اب کیا رہا ہے تیرے بعد
ایک سنسان رہ گذر سی ہے

○

کہاں ہے تو کہ ترے انتظار میں اے دوست
تمام رات سلگتے ہیں دل کے ویرانے

○

یاد آتا ہے روز و شب کوئی
ہم سے روٹھا ہے بے سبب کوئی

○

دیکھتے دیکھتے تاروں کا سفر ختم ہوا
سو گیا چاند مگر نیند نہ آئی مجھ کو

○

یہ سانحہ بھی محبت میں بارہا گزرا
کہ اس نے حال بھی پوچھا تو آنکھ بھر آئی

○

بچھڑ کے تجھ سے ہزاروں طرف خیال گیا
تری نظر مجھے کن منزلوں میں چھوڑ آئی

○

دل دھڑکنے کا سبب یاد آیا
وہ تری یاد تھی اب یاد آیا

○

ایک تم ہی نہ مل سکے ورنہ
ملنے والے بچھڑ بچھڑ کے ملے

○

محمد شفیع خاں

# بیکل اتساہی

زلف بکھرا کے نکلے وہ گھر سے
دیکھو بادل کہاں آج برسے

○

کھوئے کھوئے سے نظر آتے ہیں کیوں وہ ان دنوں
کیا کسی بے درد سے اُن کو بھی الفت ہو گئی

○

سوچا تھا آج ان کو بتا دوں گا دل کی بات
وہ سامنے جب آئے تو جادو سا چل گیا

○

وہ وقت ہے کہ اپنی خبر ہی نہیں ہمیں
تو ہی بتا کہ کیسے تری آرزو کریں

○

اور بھی شوق حُسن بڑھا دے
درد جو میرا کم ہو جائے

○

وہ میرے ذکر پہ منھ پھیر پھیر لیتے ہیں
سُنا یہی ہے کہ اس بے رُخی میں پیار بھی ہے

○

کب وہ گزرے قریب سے دل کے
نیند کب آ گئی نہیں معلوم

○

داستانِ غمِ حیات نہ پوچھ
مختصر بھی ہے مختصر بھی نہیں

○

میں بھی کچھ سوچ کر چپ تھا اس بزم میں
وہ بھی کچھ سوچ کر مطمئن ہو گئے

○

سب کے ہونٹوں پہ تبسم تھا مرے قتل کے بعد
جانے کیا سوچ کے روتا رہا قاتل تنہا

○

جانے کو جا رہا ہوں ترے در سے بے نصیب
آؤں گا لے کے غم کا بہانہ ہزار بار

○

دل کو سکوں نہ آئے، دعائیں اثر نہ ہو
وہ درد دے کہ جس کی دوا عمر بھر نہ ہو

○

درد جیسے کوئی امانت ہے
دل میں اس طرح ہم چھپائے ہیں

○

# ناطق اعظمی

ذرا سی بات کو پھیلا نہ دیں جہاں والے
کہیں نہ میرے فسانے میں ان کا نام رہے

○

مرے دل کی لَو بڑھا دو، مرے غم کو غم بنا دو
کہ چراغ جل رہا ہے تو ذرا ہوا نہیں ہے

○

جو ٹپک پڑا ہے آنسو تو ہے کیا ملال اس کا
کبھی کیا فلک سے تارا، کوئی ٹوٹتا نہیں ہے

○

ارے دل توڑنے والے ہزاروں دل نہ بن جائیں
کہ ہر ٹکڑا بھی آئینہ ہے، آئینہ اگر ٹوٹے

○

کم بخت دل کی طرح جلی تھی تمام رات
شمعِ اُمید صبح کو کیسے بجھی نہ پوچھ

○

نقاب اُٹھنے پہ انجام دیکھیے کیا ہو
ابھی تو ہے یہ ہوس بار بار دیکھیں گے

○

روشن ہوا ہے آج شبِ زندگی کا غم
للہ مت بجھاؤ چراغِ سحر ابھی

○

خاکِ پروانہ سے شمع کہنے لگی
مرنا آسان ہے جینا آساں نہیں

○

یہ جی چاہتا ہے کہ پھر برق چمکے
ذرا میری جانب نگاہیں اٹھا دو

○

اس طرح تیری یاد میں کاٹے ہیں غم کے دن
جیسے کوئی گزار دے راتیں وصال کی

○

اشک پلکوں سے آخر چھلک ہی پڑے
آج بس میں کناروں کے طوفاں نہیں

○

صحرا میں چلا آیا ہوں محفل سے نکل کر
دل کھویا کہاں اور کہاں ڈھونڈ رہا ہوں

○

نہ کوئی رہبر نہ کوئی ساتھی نہ کوئی سامان ہے سفر کا
کسی نے آواز دی ہے مجھ کو اسی سہارے پہ جا رہا ہوں

○

عشرت جہاں

# طرب

نگاہیں پھیر کر جاتے ہو یہ اچھا نہیں کرتے
جو دل پر تیر مارا ہے تڑپنا دیکھتے جاؤ

○

جگر کا خون بھی اشکوں میں شامل کرنے والی ہوں
تری تصویر میں آنسو بہا کر رنگ بھرنا ہے

○

کہہ کے یہ دل اس نے واپس کر دیا
آئینہ ٹوٹا ہے چکنا چور ہے

○

دل ہے حاضر شوق سے لے جایئے
جان بھی دے دوں اگر فرمایئے

○

میں صدا لگا رہی ہوں مجھے آ کے تم بچا لو
مری ناؤ ہے بھنور میں کوئی ناخدا نہیں ہے

○

اگر زندگی میں نہ پوچھا تو کیا ہے
مری لاش پر تم کو آنا پڑے گا

○

نظر ملاتے ہی سارا وقار کھو بیٹھی
تمام عمر کا میں اعتبار کھو بیٹھی

○

زبان کھل نہ سکی یہ خیال ہی نہ کیا
جواب دیتے وہ کیا جب سوال ہی نہ کیا

○

جب تصور ترا ستاتا ہے
یاد آتی ہیں پیار کی باتیں

○

اب اس حسین کے اوپر شباب آیا ہے
خدا بچائے نیا انقلاب آیا ہے

○

عہدِ محبت کرنے والا
دل دے کر برسوں پچھتائے

○

وہ دل کو مانگتے ہیں کس طرح انھیں دے دوں دل
یہ میری چیز نہیں، چیز یہ پرائی ہے

○

وہ ایک تم ہو کہ جس نے بھلا دیا مجھ کو
وہ ایک میں ہوں کہ تم کو کبھی بھلا نہ سکی

○

زرا دیکھ کر پاؤں آگے بڑھانا
یہاں سر سے اونچا ہے دریا کا پانی

O

لب پہ اُن کے ہے ذکرِ رخصت کا
دل مرا خوش بھی ہے اُداس بھی ہے

O

نظر سے گزرے تو پڑھ کر اُسے سمجھ لینا
جو تم کو بھیجی وہ تحریر میرے پیار کی ہے

O

اور کچھ اس کے سوا میری نہیں ہے التجا
تم نگاہیں پھیر کر مجھ کو نہ تڑپایا کرو

O

کسی کی یاد کیوں کر آ رہی ہے
طبیعت ہے کہ بجھتی جا رہی ہے

O

طوفان سے بچ کر آئی تھی لیکن قسمت کو کیا کہئے
ساحل پہ قدم رکھتے رکھتے ساحل کا کگار ٹوٹ گیا

O

تمہارے عشق کا ہم سے گناہ ہو ہی گیا
غریب دل کا سفینہ تباہ ہو ہی گیا

O

خوب ہے تیرا دیوانہ بھی
آنکھ میں آنسو لب پہ تبسم

○

بغیر جان دیے کام چل نہیں سکتا
کٹھن کچھ ایسی ہی الفت کی راہ ہوتی ہے

○

جفائیں بھی سہہ کر محبت نبھائیں
بتاؤ تمہیں اور کس طرح چاہیں

○

جب سے دیکھا تمہیں قرار نہیں
دل پہ اب کوئی اختیار نہیں

○

جگر پہ تیر ہیں کھا کر گلا نہیں کرتی
تمہاری آنکھ میں بیکار آ گئے آنسو

○

تمہارے تیر کو زحمت نہ ہو گذرنے میں
خود اپنے دل کا ٹھکانا بتا رہا ہے کوئی

○

دیکھنا ہے اے طرب کس طرح ہوتی ہے سحر
اب بھیانک رات غم کی اور ان کی یاد ہے

○

# پروین شاکر

بارہا تیرا انتظار کیا
اپنے خوابوں میں اک دلہن کی طرح

○

کانپ اٹھتی ہوں میں یہ سوچ کے تنہائی میں
میرے چہرے پہ ترا نام نہ پڑھ لے کوئی

○

میں پھول چنتی رہی اور مجھے خبر نہ ہوئی
وہ شخص آکے مرے شہر سے چلا بھی گیا

○

بند کمرے میں کبھی میری طرح
شام کے وقت وہ رویا کہ نہیں

○

کیسے کہہ دوں کہ مجھے چھوڑ دیا ہے اُس نے
بات تو سچ ہے مگر بات ہے رُسوائی کی

○

آنچل میں پھول لے کے کہاں جا رہی ہوں میں
جو آنے والے لوگ تھے، وہ لوگ تو گئے

○

بس یہ ہوا کہ اس نے تکلّف سے بات کی
اور ہم نے روتے روتے دوپٹے بھگو لئے

○

دل کو اس راہ پہ چلنا ہی نہیں
جو مجھے تجھ سے جُدا کرتی ہے

○

وہ کیسی کہاں کی زندگی تھی
جو تیرے بغیر کٹ رہی تھی

○

اب کون سے موسم سے کوئی آس لگائے
برسات میں بھی یاد نہ جب اُن کو ہم آئے

○

کس شخص کا دل میں نے دُکھایا تھا کہ اب تک
وہ میری دُعاؤں کا اثر کاٹ رہا ہے

○

کہیں رہے وہ، مگر خیریت کے ساتھ رہے
اُٹھائے ہاتھ تو یاد ایک ہی دُعا آئی

○

کون سے پھول تھے کل رات ترے بستر پر
آج تو خوشبو ترے پہلو سے عجب آئی ہے

○

آسان سہی بچھڑ کے رہنا
پر اُس کا سا دل کہاں سے لائیں

○

ہم خود بھی جدائی کا سبب تھے
اُس کا ہی قصور سارا کب تھا

○

اپنی تنہائی مرے نام پہ آباد کرے
کون ہوگا جو مجھے اس کی طرح یاد کرے

○

دیر تلک نم رہنے سے
آنچل گل بھی جاتے ہیں

○

اور کچھ پل اُس کا رستہ دیکھ لوں
آسماں پر ایک تارہ اور ہے

○

کوئی ستارہ مرے ساتھ ساتھ چلنے لگا
سفر میں جیسے ہی مجھ کو ترا خیال آیا

○

اُس کو پا کے رہتے ہیں
اپنے آپ میں کھوئے کھوئے

○

اتنا سمجھ چکی تھی میں اُس کے مزاج کو
وہ جا رہا تھا اور میں حیران بھی نہ تھی

○

روتی رہی اگر تو میں مجبور تھی بہت
وہ رات کاٹنی کوئی آسان بھی نہ تھی

○

شام ہونے کو ہے اور آنکھ میں اک خواب نہیں
کوئی اس گھر میں نہیں روشنی کرنے والا

○

درد رہ رہ کے سر اُٹھاتا ہے
کبھو کم ہو گیا کبھو ہے بہت

○

تجھ سے تو کوئی گلہ نہیں ہے
قسمت میں مری صلہ نہیں ہے

○

کچھ تو وہ یاد بھی بہت آیا
کچھ ان آنکھوں میں بھی لہو ہے بہت

○

اپنے آپ سے آنکھ چرائے پھرتی ہوں
آئینے میں کس کا چہرہ دیکھ لیا

○

# پہلا اپنی یاد

○

سکوں نصیب تھا جب تک تمہارے پاس رہے
پھر اس کے بعد جہاں بھی رہے اُداس رہے

ماہر الحمیدی

○

## اُس کے نام

خود نمائی تجھے مبارک ہو
کج ادائی تجھے مبارک ہو
اے مری جان زندگی میری
بے وفائی تجھے مبارک ہو

صالح ندیم

سید اکبر حسین

# اکبر الہ آبادی

زندگانی کا مزا دل کا سہارا نہ رہا
ہم کسی کے نہ رہے کوئی ہمارا نہ رہا

○

کس نے نگاہِ ناز سے دیکھا ہے اس طرف
فریاد کر رہا ہے جگر ہائے . دل گیا

○

خوب جی بھر کے ہو لیے بدنام
حق ادا کر دیا جوانی کا

○

محبت کا تم سے اثر کیا کہوں
نظر مل گئی دل دھڑکنے لگا

○

پائی ہے تم نے چاند سی صورت
آسمانی رہے نقاب کا رنگ

○

جلایا دل کو، تڑپایا جگر کو
خدا رکھے سلامت اس نظر کو

○

کرو شوق سے محبت مگر ایک بات سن لو
کسی اور کام کے پھر نہ رہو گے دل لگا کر

○

کوئی موقع نکل آئے کہ بس آنکھیں مل جائیں
راہیں پھر آپ ہی کر لے گی جوانی پیدا

○

جب کہتا ہوں مرتا ہوں مری جان میں تم پر
فرماتے ہیں مرتے ہو تو مر کیوں نہیں جاتے

○

غم نہیں اس کا جو شہرت ہو گئی
ہو گئی اب تو محبت ہو گئی

○

رہ گئے ہم ہاتھ ہی ملتے ہوئے
دل ہمارا لے کے وہ چلتے ہوئے

○

ہم آہ بھی کرتے ہیں تو ہو جاتے ہیں بدنام
وہ قتل بھی کرتے ہیں تو چرچا نہیں ہوتا

○

میں جن کے دیکھنے کو سمجھتا ہوں زندگی
اُن کا یہ حال ہے کہ اِدھر دیکھتے نہیں

○

جب تمہارا خیال آتا ہے
ساری دنیا کو بھول جاتے ہیں

○

آنکھوں نے جو دیکھا ہے ترے حسن کا عالم
واللہ زبانوں سے بیاں ہو نہیں سکتا

○

ہمیں تو آٹھ پہر رہتی ہے تمہاری یاد
کبھی تمہیں بھی ہمارا خیال آتا ہے

○

سنبھل سکی نہ طبیعت کسی طرح میری
رہا نہ دل پہ مجھے اختیار عید کے دن

○

آپ سے بے حد محبت ہے مجھے
آپ کیوں چپ ہیں یہ حیرت ہے مجھے

○

دل کو مرے تم ایک نظر دیکھ تو لیتے
ہوتے نہ خریدار مگر دیکھ تو لیتے

○

ہم اُن کی خوشی کے لئے کیا کچھ نہیں کرتے
لیکن وہ جفاؤں کے سوا کچھ نہیں کرتے

○

تمہیں ملو تو ملو ورنہ اور سے کیا کام
میں اپنے دل کو کہیں اب لگا نہیں سکتا

○

دلچسپ ہے، آفت ہے، قیامت ہے، غضب ہے
بات اُن کی، ادا اُن کی، قد اُن کا، چلن اُن کا

○

ہر گلی کوچے میں چرچا میری بیماری کا تھا
کیا کسی سے آپ کو میری خبر ملتی نہ تھی

○

جہاں دل دُکھا بس نکل آئے آنسو
بگاڑی محبت نے عادت کچھ ایسی

○

محبت اُن سے کرکے پھنس گئے ہیں ہم تو آفت میں
نہ دل قابو میں آتا ہے نہ اُن پر زور چلتا ہے

○

دکھاتے نہ تھے آپ یوں مجھ کو آنکھیں
یہ شوخی کسی کی سکھائی ہوئی ہے

○

سنبھالیں دل کو کہ ہم حالتِ جگر دیکھیں
تمام آگ لگی ہے کدھر کدھر دیکھیں

○

محمد نوح

# نوح ناروی

محبت کی کہانی کیوں مزہ دیتی نہ دونوں کو
سُنی ہم نے کہی تم نے، سُنی تم نے کہی ہم نے

○

پاس آتے ہیں آتے آتے وہ
ہوتے ہوتے قریب ہوتے ہیں

○

لپٹ جاتے ہیں وہ بجلی کے ڈر سے
الٰہی یہ گھٹا دو دن تو برسے

○

آپ جن کے قریب ہوتے ہیں
وہ بڑے خوش نصیب ہوتے ہیں

○

جھینپتا ہے چاند کس سے؟ جھینپتا ہے تم سے چاند
شمع شرماتی ہے کس سے؟ تم سے شرماتی ہے شمع

○

تمہارا قول تمہاری زبان سب کچھ ہے
ہمارا قول ہماری زبان کچھ بھی نہیں

○

ہم بڑی دیر سے یہ دیکھتے ہیں
اس طرف کوئی دیکھتا ہی نہیں

○

شکوۂ غیر پہ کیوں آپ بگڑ جاتے ہیں
بات کہنے کی جو ہوتی ہے کہی جاتی ہے

○

ترے در سے تو سب اٹھائے گئے
یہ کس طرح چلمن پڑی رہ گئی

○

ایک دو تین چار پانچ نہیں
سب خطائیں مری معاف کرو

○

بیٹھے ہوئے دیتے ہیں وہ دامن سے ہوائیں
اللہ کرے ہم نہ کبھی ہوش میں آئیں

○

رنج و غم میں مری گذرتی ہے
بس یہی آس پاس والے ہیں

○

غیر کا عشق ہے کہ میرا ہے
صاف کہہ دو ابھی سویرا ہے

○

اقبال احمد

# اقبال ماہر

مراسم بڑھ رہے ہیں دھیرے دھیرے
محبت کی کہانی چل رہی ہے

تم کو ہے صرف اپنی پریشانیوں کا غم
سوچو تو کوئی اور بھی تنہا اُداس ہے

ہر دور میں ہر چیز بدلتی رہی لیکن
اک دردِ محبت ہے جو پہلے کی طرح ہے

نظر سے دور سہی دل سے ہم قریب رہے
ہمارے درد کے رشتے بڑے عجیب رہے

ترکِ وفا کے بعد نہ آئے تمہاری یاد
تم بھولنے کی چیز ہو دل مانتا نہیں

آپ محفل سے اُٹھے تو کچھ دیر تک
تھرتھراتی رہی شمع کی روشنی

کچھ نہیں کہتے آپ کو لوگ
ایک ہمیں پر سب الزام

میں نے تو صرف چھیڑی تھی اپنی وفا کی بات
لوگوں کو کیسے ان کی جفا یاد آ گئی

ہونٹوں پہ مرے نام بھی جس کا نہیں آیا
اس عشق کا چرچہ سر بازار بہت ہے

خوشی ہوئی ہے بہت آج آپ سے مل کر
بہت زمانے سے سنتا تھا میں جناب کا نام

شاید ترا کرم بھی تسلی نہ دے سکے
ٹوٹی ہوئی امید ہے، سہما ہوا ہے دل

دل کے اجڑے نگر سے گزرے ہیں
کتنی یادوں کے قافلے خاموش

خیال کو بھی تھکن ہو جہاں پہونچنے میں
میں اتنی دور ترے غم کو چھوڑ آیا ہوں

دل سے تو ابھی بات بھی لب تک نہیں آئی
کیا کیا نہ ترے شہر میں افواہ اڑی ہے

زندگی میں تم نہ ہم کو مل سکے
ورنہ اس دنیا میں کیا ملتا نہیں

زخم بھرے گا بھرتے بھرتے
دھیرے دھیرے اچھا ہو گا

تم نے بھیجی نہیں کیوں زخم کی سوغات مجھے
تم نے اوروں کی طرح کیوں نہیں پتھر مارا

عشق داخل ہوا زندگی میں مگر
درد بن کر اٹھا، زخم بن کر ملا

یہی ہے فکر کہ انجام عشق کیا ہوگا
ترے قریب بھی دل کو اداس پاتے ہیں

تم بدل جاؤ گے بدلے ہوئے موسم کی طرح
عمر بھر کون رہا یار، کسی یار کے ساتھ

جانتا ہوں تم کو پا سکتا نہیں
درد کا رشتہ مگر ٹوٹا نہیں

دل کا ٹوٹا ہوا وہ ساز کہاں سے لاؤں
اپنی کھوئی ہوئی آواز کہاں سے لاؤں

میری خاموشی پر اُس نے
جانے کیا کیا سوچا ہو گا

جب درد اٹھا، دل نے بہت ضبط کیا ہے
آئی جو ہنسی، آنکھ سے آنسو نکل آئے

کبھی ماضی کے دریچوں سے صدا دی تم کو
کبھی یادوں کے جزیرے میں پکار آئے ہیں

حالات کی اس دھوپ میں یادوں کا سہارا
زلفوں کے مہکتے ہوئے سائے کی طرح ہے

جس دنیا میں عشق نہ ہو
دور سے اس دنیا کو سلام

حافظ شفیق الرحمٰن خاں

## شفیقؔ الہ آبادی

اب ان کے میرے عشق کا مشکل ہے فیصلہ
میں جانِ زندگی ہوں کہ وہ جانِ زندگی

○

یہ کالی گھٹائیں، یہ ہوائیں، یہ فضائیں
میرے لئے کچھ بھی نہیں جب تو ہی نہیں ہے

○

یہ انداز سے ان کے ہوتا ہے ظاہر
نہ پورا مرے دل کا ارماں کریں گے

○

سنتے ہیں سب کو ملتا ہے اپنے کئے کا پھل
لیکن مری وفاؤں کا یارب صلہ نہیں

○

جو ہم سے ملتے تھے کل تک بڑی محبت سے
انھیں کو آج ہے نفرت ہماری صورت سے

○

شب فرقت اسی صورت سے اکثر کاٹ دی میں نے
نظر کے سامنے تصویر رکھ لی آپ کی میں نے

○

ہوئے محفل میں وہ سب سے مخاطب
ہمیں بیٹھے رہے اک اجنبی سے

○

اب وہ کہتے ہیں کہ دیکھا نہ کرو میری طرف
ان کے ہر ظلم کا انداز نیا ہوتا ہے

○

مانگتے ہیں کیا سمجھ کر آپ اُس سے صرف دل
جان تک دینی محبت میں جسے مشکل نہیں

○

ہزار بار نہیں' سو ہزار بار نہیں
مجھے تمہاری محبت پر اعتبار نہیں

○

مرے درد دل کی دوا دیتے جاؤ
نہیں ہے دوا تو دعا دیتے جاؤ

○

تمہاری یاد تو مجھ کو بہت ستاتی ہے
مری بھی یاد کسی وقت تم کو آتی ہے

○

کرو گے یاد میرے بعد مجھ کو
تڑپ جائے گا دل میری کمی پر

○

جابر علی

# راز الہ آبادی

آئینہ زندگی کو بنا کر چلا گیا
آنکھوں سے آکے دل میں سما کر چلا گیا

○

اپنے حالات کا عزیزوں سے گلا کون کرے
درد جب تونے دیا ہے تو دوا کون کرے

○

بس ان کے دیکھنے والوں کو دیکھ لیتا ہوں
خود اُن کو دیکھ سکوں یہ مرا نصیب کہاں

○

ہم تو یہ نہیں کہتے کام یہ تمہارا ہے
زخم خود بتائیں گے کس نے تیر مارا ہے

○

ہزاروں حسرتیں آیا تھا لے کر
تری محفل سے تنہا جا رہا ہوں

○

جب گرے خاک پہ آنسو میرے
یاد آیا بہت آنچل تیرا

○

بے وفا ہم نہیں آپ ہیں
بات یہ آئینہ ہو گئی

○

میرے خون کی سرخی کیسا رنگ لائی ہے
آج میرے قاتل کی آنکھ ڈبڈبائی ہے

○

بے وفائی کا چلن عام ہوا ہے اے راز
کون اس دور میں کتنا ہے وفادار نہ دیکھ

○

ہر پھول ہمارا ہے، ہر خار ہمارا ہے
ہم نے بھی لہو دے کر گلشن کو سنوارا ہے

○

اب ان کا حسیں آنچل قسمت میں نہیں شاید
آنسو بھی ہمارے ہیں، دامن بھی ہمارا ہے

○

دونوں پا گئے شہرت آج کل زمانے میں
ہم انھیں بنانے میں، وہ ہمیں مٹانے میں

○

بہت دنوں سے میں سن رہا تھا سزا وہ دیتے ہیں ہر خطا پر
مجھے تو اس کی سزا ملی ہے کہ میری کوئی خطا نہیں

○

منظور الحسن

# نواب الحسن

بجھے بجھے سے ملے سب چراغ محفل کے
اُنھیں جو دیکھا تو وہ بھی اُداس اُداس ملے

○

بات آنے کی تھی نہیں آئے
راہ میں کون مل گیا لکھئے

○

ہر کسی پر نگاہ ڈالے ہے
عشق آوارہ ہو گیا ہے مرا

○

جب سے تم نے نگاہ پھیری ہے
روز جیتے ہیں روز مرتے ہیں

○

بوڑھی آنکھوں سے دیکھتا ہوں انھیں
دل دھڑکتا ہے جسم ہلتا نہیں

○

کچھ تو رکھنا چاہیئے آپس میں رشتوں کا خیال
آپ لوگوں کا دل اس طرح نہ توڑا کیجئے

○

سلام کرتا ہے پھر ایک آئینہ مجھ کو
بچا لے آج گناہوں سے اے خدا مجھ کو

○

تو میری میں تیرا تھا
دو دن کا بس رشتہ تھا

○

اپنے موسم پہ پھول کھلتے ہیں
تم پہ پہلے شباب کیوں آیا

○

یقیں وفا کا، نہ مجھ پر ہی کچھ بھروسہ ہے
کبھی قریب سے اگر بھی تم نے دیکھا ہے

○

اب ہماری طرف بھی دیکھیں وہ
ہم بھی بیٹھے ہیں تیر کھانے کو

○

ملا تھا راہ میں جو شخص ایک لمحے کو
اُس اجنبی کا ہے چہرہ مرے خیالوں میں

○

احسن، تڑپ رہا ہے کئی دن سے میرا دل
اور آپ گھر میں بیٹھے ہیں ٹی وی کے سامنے

○

سردار عبدالعزیز خاں

# عزیز الہ آبادی

آئینے کی نظر نہ لگ جائے
آئینہ دیکھنا تم سنبھل کے

○

آبرو اور بھی بڑھ جائے گی موتی بن کر
آنسوؤ! جاؤ کسی پھول کے دامن میں رہو

○

آپ کو دیکھ کر مجھ کو کہنا پڑا
میرا قاتل بھی تھا آپ ہی کی طرح

○

یہ بتاؤ بھول جاؤں کس طرح، کیسے تمہیں
بس گئے ہو بن کے خوشبو تم مرے احساس میں

○

کوئی جب چلا بچھڑ کے تو لگا ہے دل کو ایسا
کہ ستار بجتے بجتے کوئی تار ٹوٹ جائے

○

چھو گئی جب ان کے جسم سے
آگ بھی گلاب بن گئی

○

محبت میں ایسے بھی لمحات گذرے
نہ تم یاد آئے، نہ ہم یاد آئے

○

نازک نازک پھول کی پتی اچھی لگتی ہے
تیرے لبوں کی ہلکی لالی اچھی لگتی ہے

○

جب سے تری تصویر اُتر آئی نظر میں
رنگین خیالوں کے صنم ٹوٹ رہے ہیں

○

وہ جہاں ہوں گے وہاں رات نہ ہوتی ہوگی
نور ہی نور، سویرا ہی سویرا ہوگا

○

دوسرا تاج محل بولو کہاں سے لاؤں
تم کو رہنا ہے تو پھر میرے نشیمن میں رہو

○

مرے بدن پر لہو لہو ہے
میں زخم کھا کر تڑپ رہا ہوں

○

سچ بات ہم نے کہہ دی تو جل بھن گئے عزیز
پل میں تعلقات بھی کم کر دیے گئے

○

محمد اسلم خاں

# ڈاکٹر اسلم الہ آبادی

میز پر رکھی ہے ہنستی ہوئی تصویر اُس کی
میرے کمرے سے اجالا نہیں جانے والا

○

ہر طرف سے مَوردِ الزام ہو کر رہ گئے
ہم تمہارے پیار میں بدنام ہو کر رہ گئے

○

مجھ میں خلوص تجھ میں محبت نہیں رہی
اک دوسرے سے ملنے کی فرصت نہیں رہی

○

اپنی تصویر سے خط میرے ہٹا کر رکھنا
آگ ہے آگ سے کاغذ کو بچا کر رکھنا

○

مدتیں ہوئیں تجھ کو اک نگاہ دیکھا تھا
چشم آرزو مری آج تک ترستی ہے

○

تیری طرح یہ مل کے نظر پھیرتی نہیں
تصویر تیری تجھ سے زیادہ حسین ہے

○

تمام رات تجھے اس قدر پڑھا میں نے
چمک اٹھا ترا چہرہ کتاب کے اندر

○

تجھے گلے سے لگایا تو یہ ہوا احساس
کہاں سے آئی ہے خوشبو گلاب کے اندر

○

تمہارے بعد اندھیرا ہوا تو ایسا ہوا
فلک سے چاند بھی اترا تو روشنی نہ ہوئی

○

رہ وفا میں تمہیں مل گیا کنارہ کیا
تو ہم کہیں بھی چلے جائیں گے ہمارا کیا

○

رات اس طرح دبے پاؤں تری یاد آئی
جیسے کمرے میں کوئی خوشبو کا جھونکا آجائے

○

عشق کو آسرا چاہیے
حسن کو سوچنا چاہیے

○

میرے ہاتھوں کی لکیروں میں خوشی لکھی نہیں
میں نہ دے پاؤں گا تجھ کو رُت سہانی بھول جا

○

سب کے رُخ پر ایک طرح کا آنچل تھا
تیری خوشبو سے تیری پہچان ہوئی

○

تیرے بھی ذہن میں مری صورت نہیں رہی
میرے بھی ذہن سے ترا چہرہ نکل گیا

○

میری بستی کے حسیں چاند ستارے لڑکے
عشق کرتے ہیں کتابوں کے سہارے لڑکے

○

تیرے بھی ہاتھ میں ابھی مہندی نہیں لگی
میرا بھی کوئی چاہنے والا نہیں رہا

○

اس نے مجھ سے ملنا ملانا چھوڑ دیا
جس کے پیچھے میں نے زمانہ چھوڑ دیا

○

بے وفائی کا فقط مجھ پہ ہی الزام ہے کیوں
کیا کبھی تم بھی گلے مجھ کو لگانے آئے

○

ابھی تو آنے کی اس کے خبر ہی آئی ہے
ابھی سے پھول مہکنے لگے فضاؤں میں

○

تیری آنکھیں، تیرا چہرہ، تیری باتیں، تیرے لب
شامِ غم ایک ایک شے نے ہم کو تڑپایا بہت

○

میں بھی اپنے فیصلے پر ہو رہا ہوں شرمسار
سُن رہا ہوں دور جا کر تو بھی پچھتایا بہت

○

تیری وفا کا رنگ بھی کچا نکل گیا
اچھا ہوا کہ پاؤں سے کانٹا نکل گیا

○

تو نے کسی امیر کو اپنا لیا تو کیا
تجھ کو خبر ہے میں بھی اکیلا نہیں رہا

○

رات میں تھا، تری یادیں تھیں، مکاں خالی تھا
کیسے کہہ دوں کہ محبت کا جہاں خالی تھا

○

اپنوں سے نظر پھیرنا اچھا نہیں ہوتا
وہ کون سا گھر ہے جہاں جھگڑا نہیں ہوتا

○

تمہیں خبر نہیں تم سے ہوئیں خطائیں کیا
تمہیں تو یاد نہیں ہم بھی بھول جائیں کیا

○

احترام اسلام

# احترامِ اسلام

میں خود پہ ہنس پڑا ہوں تمہیں دیکھنے کے بعد
اک اجنبی دیار میں اک اجنبی کے ساتھ

○

تصویر اپنی پیش کروں گا جناب کو
میرے غریب خانے پہ تشریف لائیے

○

دیکھ کر زخم جگر کی صورت
جان لیتا ہوں ہنر کس کا ہے

○

مسکرا کر ہی ملوں گا مسکراتی شکل سے
لاکھ دھندلایا ہوں لیکن آئینہ ہوں آئینہ

○

اگر یہ یاد رکھے دم وہ بھرتا تھا مرا کل تک
تو یہ کیوں بھولئے کل تک اُسے میری ضرورت تھی

○

اتنا پیارا ہے ترا روپ کہ اکثر تجھ کو
آئینوں نے بھی بڑے پیار سے دیکھا ہوگا

غمِ حیات سے گھبرا کے خودکشی کر لی
جو بات ہونی تھی کل، ہم نے آج ہی کر لی

○

جلد آتا نہیں مجھے غصہ
آپ حد سے گزر گئے ہوں گے

○

نہیں ہے جس پہ مرا اختیار برسوں سے
رہا ہے اُس پہ مرا اختیار برسوں تک

○

اُس سے مرے خلوص کا چرچا، دنیا کی بات
اک دہریے کے سامنے جیسے خدا کی بات

○

جسے گمرہی لوگ کہتے تھے میری
وہی منزلوں کا پتہ بن گئی ہے

○

معلوم نہیں کیوں میں ٹھہرا ہوں کسی در پر
کیا جانئے لرزاں ہے کیوں پردۂ در کوئی

○

وہ تو کہیے خواب بھی ہیں زندگی میں احترام
ورنہ اک اک پل صدی محسوس ہو ہر شخص کو

○

عتیق الرحمان خاں

# عتیق الہ آبادی

اُسے آنکھوں میں رکھنا چاہتا ہوں
مگر دل میں اُترتا جا رہا ہے

○

اُس کی زلفوں سے ڈھکا رہتا ہے چہرہ اُس کا
سامنا چاند کا بادل نہیں ہونے دیتا

○

اپنا غم دل کے پاس رہنے دے
مجھ کو یوں ہی اُداس رہنے دے

○

زمیں سے چاند پر کیوں جا رہے ہو
یہاں بھی چاند سے چہرے بہت ہیں

○

یوں زمانے سے غم چھپانا ہے
درد سہنا ہے، مسکرانا ہے

○

تم آ گئے ہو، مرے پیار کا اثر دیکھا
تمہارا نام لیا تھا ابھی ابھی میں نے

○

چاندنی جیسا بدن، چاند سا چہرہ ہوگا
جس کی آنکھوں نے مرے یار کو دیکھا ہوگا

○

بہت چالاک ہیں جاناں تمہارے چاہنے والے
جو تم سے ملنے کے اکثر بہانے ڈھونڈ لیتے ہیں

○

بھینی بھینی سی خوشبو فضاؤں میں ہے
تم سے پہلے تمہاری خبر آئی ہے

○

ہمیں بھی پھول سے چہرے کی بات کرنے دو
غریب ہی سہی، ارمان ہم بھی رکھتے ہیں

○

جسم جن کا ہے پھول سا کومل
اُن کے لہجے میں تیر ملتے ہیں

○

تیری یادوں کی تیز بارش میں
دل کے دریا میں آگیا سیلاب

○

دکھائی دینے لگے شہر میں حسین پتھر
ہوئے ہیں جب سے یہاں سارے مہ جبیں پتھر

○

محمد مسعود اختر

# اختر عزیز

یوں سنور کر نہ آئینہ دیکھو
آئینے پر اثر نہ ہو جائے

○

ہم سمجھ میں ضرور آئیں گے
یوں ہی ملئے کبھی کبھی ہم سے

○

کل بھی چھوڑی نہیں تھی آس کی ڈور
آج بھی انتظار والے ہیں

○

اُسی کو دیکھنے سے مجھ کو بہترین سب لگے
حسین چہرہ ایک تھا مگر حسین سب لگے

○

کمسنی میں جب جوانی کی مہک آجائے گی
خوشبوئے گُل ذہن چھو کر روح تک آجائے گی

○

اپنی سانسوں کی حرارت دور ہی رکھا کرو
پاس آؤ گے تو دونوں کا بدن جل جائے گا

○

لوگ کہتے ہیں بدن تیرا ہے صندل کی طرح
زندگی میری مہک جائے وہ خوشبو دے دے

○

یہ قربت نہیں ہے تو پھر اور کیا ہے
جلے دوسرا اور دھواں بن گئے ہم

○

نہ جانے کب وہ چلا آئے اس لئے میں نے
کبھی نہ بند کئے آہٹوں کے دروازے

○

دل کے شیشے میں اتر آئی ہے تصویر تری
اب نہ دیکھیں گے تجھے دیکھنے والوں کی طرح

○

یاد پھر آ رہی ہے آج تری
زخم ہونے لگے گلابی پھر

○

تیری آنکھوں میں میری آنکھیں رہیں
میرے ہاتھوں میں تیرا چہرہ رہے

○

خموش تو ہے مگر میں نے پڑھ لیا چہرہ
خدا نے تجھ کو دیا ہے کتاب سا چہرہ

○

سُنیل نرائن چک

# سُنیل دانش

اک خواب کی دنیا ہے دانش یہ محبت بھی
اور خواب میں تو کچھ بھی کھونا ہے نہ پانا ہے

○

بیٹھ کر تنہائی میں سوچا کیا میں دیر تک
جو مجھے کہتا تھا اپنا وہ ترا کیسے ہوا

○

سوچ لے آج مجھے چھوڑ کے جانے والے
فاصلے اور بڑھا دیں گے زمانے والے

○

وفا کے نام سے واقف کہیں جو آپ بھی ہوتے
جو حالت آج ہے میری، وہ حالت آپ کی ہوتی

○

یوں ہزاروں کھلونے ہیں بازار میں
دل مچلتا نہیں ہے سبھی کے لئے

○

میرا ہو کر بھی جو میرے ساتھ چل سکتا نہیں
عمر بھر وہ پیار کے سانچے میں ڈھل سکتا نہیں

○

میں نے ہر بات مان لی اس کی
آنسوؤں میں عجیب طاقت ہے

○

آدمی کی کوئی قیمت ہی نہیں
پتھروں کو پوجتے ہیں پیار سے

○

رستہ کٹھن تھا پیار کا آسان کر دیا
مجھ کو بھلا کے آپ نے احسان کر دیا

○

مارا مارا پھرتا ہے
چاند بھی میرے جیسا ہے

○

مرے گناہ کی مجھ کو سزا ملے گی ضرور
مری وفاؤں کا مجھ کو صلہ ملے نہ ملے

○

حسن کیا چیز ہے معلوم نہیں تھا اب تک
اب یہ جانا کہ نگاہوں کا ہے یہ بھی دھوکا

○

تمہارے ہونٹوں کی سرخی مری امانت ہے
کہ جس کو دیکھ کے تازہ گلاب کھلتے ہیں

○